ADVOCACIA & BIOÉTICA

ADVOCACIA & BIOÉTICA

CAROLINA VITAL MOREIRA GOMES
VICTOR SOLA BALSAMO
CAMILA SCAREL ROSA
ALESSANDRA CHRISTINA ALVES
MELISSA DE SOUZA SANTOS
LIA CRISTINA CAMPOS PIERSON
NATÁLIA VERDI

RENATA DA ROCHA
JOÃO GABRIEL CARNEIRO
MARLONE CUNHA DA SILVA
MARIA HELENA CAMPOS DE CARVALHO
MILENA MORATTI AGUILAR
PRISCILA DEMARI BARUFFI

CUIDADOS PALI- ATIVOS

ORG. & COORD. **Henderson Fürst**

VOL. 3

Copyright © 2023 by Editora Letramento

Diretor Editorial Gustavo Abreu
Diretor Administrativo Júnior Gaudereto
Diretor Financeiro Cláudio Macedo
Logística Daniel Abreu e Vinícius Santiago
Comunicação e Marketing Carol Pires
Assistente Editorial Matteos Moreno e Maria Eduarda Paixão
Designer Editorial Gustavo Zeferino e Luís Otávio Ferreira

Conselho Editorial Jurídico

Alessandra Mara de Freitas Silva
Alexandre Morais da Rosa
Bruno Miragem
Carlos María Cárcova
Cássio Augusto de Barros Brant
Cristian Kiefer da Silva
Cristiane Dupret

Edson Nakata Jr
Georges Abboud
Henderson Fürst
Henrique Garbellini Carnio
Henrique Júdice Magalhães
Leonardo Isaac Yarochewsky
Lucas Moraes Martins

Luiz F. do Vale de Almeida Guilherme
Marcelo Hugo da Rocha
Nuno Miguel B. de Sá Viana Rebelo
Onofre Alves Batista Júnior
Renata de Lima Rodrigues
Salah H. Khaled Jr
Willis Santiago Guerra Filho

Todos os direitos reservados. Não é permitida a reprodução desta obra sem aprovação do Grupo Editorial Letramento.

Dados Internacionais de Catalogação na Publicação (CIP)
Bibliotecária Juliana da Silva Mauro - CRB6/3684

C966   Cuidados paliativos / Carolina Vital Moreira Gomes [...] et al. ; organizado por Henderson Fürst. - Belo Horizonte : Casa do Direito, 2023.
v. 3 : 152 p. ; 23 cm. - (Advocacia & Bioética)

Inclui Bibliografia.
ISBN 978-65-5932-400-2

1. Cuidados paliativos. 2. Responsabilidade civil. 3. Humanização na saúde. I. Gomes, Carolina Vital Moreira [...] et al. II. Fürst, Henderson. III. Título. IV. Série.

CDU: 34:616
CDD: 649.8

Índices para catálogo sistemático:
1. Direito - Medicina 34:616
2. Cuidados em saúde - 649.8

LETRAMENTO EDITORA E LIVRARIA
Caixa Postal 3242 – CEP 30.130-972
r. José Maria Rosemburg, n. 75, b. Ouro Preto
CEP 31.340-080 – Belo Horizonte / MG
Telefone 31 3327-5771

É O SELO JURÍDICO DO
GRUPO EDITORIAL LETRAMENTO

7   **CUIDADOS PALIATIVOS E AUTONOMIA DA VONTADE**
Carolina Vital Moreira Gomes
Victor Sola Balsamo
Camila Scarel Rosa

25   **AS QUESTÕES ÉTICAS RELACIONADAS AOS CUIDADOS PALIATIVOS E SUA HUMANIZAÇÃO NA SAÚDE.**
Alessandra Christina Alves

47   **CUIDADOS PALIATIVOS E RECUSA DE TRATAMENTO**
Melissa de Souza Santos

55   **CUIDADOS PALIATIVOS COMO DIREITO HUMANO DO PACIENTE**
Lia Cristina Campos Pierson
Natália Verdi
Renata da Rocha

85   **CUIDADOS PALIATIVOS E MORTE COM DIGNIDADE: ORTOTANÁSIA, DISTANÁSIA, EUTANÁSIA E MISTANÁSIA - ASPECTOS MEDICOLEGAIS**
João Gabriel Carneiro
Marlone Cunha da Silva
Maria Helena Campos de Carvalho

105   **RESOLUÇÕES DO CONSELHO FEDERAL DE MEDICINA E CUIDADOS PALIATIVOS - RESPONSABILIDADE CIVIL E PENAL MÉDICA**
Milena Moratti Aguilar

135   **ANÁLISE SOBRE O DOCUMENTÁRIO "END GAME": ENTRE A TERMINALIDADE E A DIGNIDADE**
Priscila Demari Baruffi

CUIDADOS PALIATIVOS E AUTONOMIA DA VONTADE

CAROLINA VITAL MOREIRA GOMES[1]
VICTOR SOLA BALSAMO[2]
CAMILA SCAREL ROSA[3]

INTRODUÇÃO

Segundo a Organização Mundial da Saúde (OMS), os cuidados paliativos são os cuidados ativos e integrais destinados à pessoa a qual a doença não responde mais ao tratamento

---

1 Advogada formada em 2.002 pela PUC – Campinas, especialista em Direito Processual Civil pela PUC- Campinas, atua como advogada há 19 anos.

2 Advogado, pós-graduado em direito médico e hospitalar – Escola Paulista de Direito, especialista em direito da medicina – Centro de Direito Biomédico da Faculdade de Direito da Universidade de Coimbra – PT, graduado em direito pelas Faculdades Metropolitanas Unidas - FMU

3 Enfermeira, especialista em terapia intensiva – Hospital Israelita Albert Einstein, graduada pela Universidade Federal de São Paulo.

4 World Health Organization- WHO. Definition of palliative care. [citado 2012 abr 19] Disponível em http://www.who.int/cancer/palliative/definition/en/.

5 Prendergast TJ, Claessens MT, Luce JM. A national survey of end-of-life care for critically ill patients. Am J Respir Crit Care Med. 1998;158(4):1163-7.

6 Moritz R.D., Pamplona F. Avaliação da recusa ou suspensão de tratamentos considerados fúteis ou inúteis em UTI. Rev Bras Ter Intensiva. 2003;15(1):40-4.

curativo. Tem como objetivo, proporcionar o alívio da dor e sintomas angustiantes, afirmar a vida e considerar a morte como um processo natural, integrar os aspectos multidimensionais do ser humano (psicológico, espiritual, emocional, familiar) e melhorar a qualidade de vida tanto quanto possível até o momento da morte.(9)

Importante salientar que nem sempre os cuidados paliativos serão instituídos para casos em que, inevitavelmente, se encerrarão com a morte do paciente. Existem cuidados paliativos para condições de saúde onde a ciência ainda não evoluiu de forma a estabelecer protocolos de tratamento e cura total, mas que não implicam na terminalidade da vida.

Após a adoção dos cuidados paliativos, o tratamento de cura não deve ser suspenso, uma vez que, são utilizados para prevenir e aliviar o sofrimento do paciente terminal e seus familiares.(10)

Assim, a condição terminal de um paciente é determinada quando sua doença não depende mais das medidas terapêuticas estabelecidas e imparcialmente evolui para a morte.(9)

Historicamente a busca pela vida eterna e o medo da morte andaram lado a lado em muitas culturas, fazendo do binômio vida e morte parceiros inseparáveis; ainda que o ser humano compartilhe o nascimento, a juventude, envelhecimento e o processo de adoecimento, com todos os seres vivos, apenas o Homem tem consciência de sua morte.(7)

Por conseguinte, no ano de 2010, a revista inglesa The Economist publicou uma pesquisa ranqueando a qualidade de morte em diferentes países, segundo os critérios escolhidos, o Brasil foi locado como o 3º pior país do mundo para se morrer.(8)

Tais aspectos, somados ao avanço tecnológico e da medicina, dificultaram a aceitação do tratamento do doente terminal em sua casa aumentando e cultuando a ideia de morte institucionalizada.(9)

Ignorando o processo natural de vida e morte, a medicina moderna descuida-se do conforto do enfermo terminal e adia a sua morte a todo custo lhe impondo uma longa agonia e sofrimento.(10)

O intuito de encaminhar enfermos terminais a uma UTI é dispor uma gama de recursos modernos e aparatos tecnológicos para garantir a qualidade da manutenção de sua vida até que chegue o momento da morte, embora tanta modernidade não seja capaz de eliminar a angústia e sofrimento do paciente e seus familiares.(11,12)

Ao refletir sobre tais semblantes, acrescidos da melhoria na qualidade de vida e o aumento na perspectiva de vida, deve-se atentar para a evolução ao estado crônicos das enfermidades e considerar o cuidado diferenciado para o alívio do sofrimento, angústia e manutenção da capacidade funcional do indivíduo(11,12)

Surge então o questionamento sobre o real significado da vida e da morte digna. As dúvidas permeiam em que momento se deve parar de investir no tratamento de cura, até quando avançar no suporte vital, e acima de tudo, para estabelecer os cuidados paliativos, se basear em índices de prognósticos, aspectos de moralidade ou ética(13)

Sendo assim, e tendo em vista a enorme importância da autonomia da vontade frente aos cuidados paliativos, este estudo visa aclarar o tema e expor as formas de exercício da autonomia da vontade do paciente.

1. DISCUSSÃO

Quando são abordadas questões que envolvem autonomia de vontade, devemos verificar que essa capacidade deve ser entendida no sentido amplo do termo, tendo em vista que para que o sujeito possa praticar o ato, ele deve ser dotado de capacidade civil, e tenha tido acesso a todas as informações acerca do fato ao qual ele irá se manifestar.

A autonomia da vontade é princípio jurídico basilar do Direito Civil, visto que consiste na noção de que os indivíduos podem obrigar-se entre si, nas relações, através da livre manifestação de suas vontades.

Trata-se de fundamento essencial à percepção de que o agente detentor de direitos e obrigações, baseado em seu livre arbítrio, seja capaz de negociar e exprimir sua vontade. Ou, na impossibilidade do titular de direito manifestar sua vontade, que alguém por ele indicado ou até mesmo indicado de forma legal, como os responsáveis legais dos menores incapazes, manifeste sua vontade.

Para tanto pressupõe-se que aquele que está expondo seus interesses, tenha sopesado os prós e contras, analisado a situação e tomado sua decisão de forma plena, dotado de todas as informações necessárias para tanto, inclusive as consequências e riscos.

Assim, ao analisar-se a questão dos cuidados paliativos e a autonomia da vontade alguns pontos acabam por surgir, tendo em vista o momento em que os acertos entre a equipe médica e o paciente são assumidos, pode se questionar se agente por vezes está dotado de sua plena capacidade legal, haja vista a comum confusão entre cuidados paliativos e abreviação da vida.

O questionamento da capacidade do agente - paciente, poderia acabar por invalidar o acordado entre a equipe médica e o paciente.

Sendo assim, dada a importância e relevância do tema para o mundo jurídico, o presente trabalho visa a explorar o assunto da autonomia da vontade quando houver escolha pelos cuidados paliativos, explorando os temas de capacidade do paciente, informação e manifestação da vontade.

2. DA CAPACIDADE

O artigo 1º do Código Civil(14) afirma que toda pessoa é capaz de direitos e deveres. O que se infere do referido dispositivo, é que a capacidade jurídica – de gozo ou de direito, prevê que todos estão aptos a adquirir e exercer, por si ou por outrem, ou seja, todos a detêm. No entanto, a capacidade de exercer por si os direitos, pode ser limitada e **a própria lei prevê os casos em que o exercício do direito deve ser feito através** de outrem. Para esses casos, temos que diferenciar a capacidade de fato e a capacidade de agir.

Em consonância a doutrina dita como tradicional, "pessoa é o ente físico ou coletivo suscetível de direitos e obrigações, sendo sinônimo de sujeito de direito" (Maria Helena Diniz (15)).

O sujeito de direito é aquele "sujeito de um dever jurídico, de uma pretensão ou titularidade jurídica, que é o poder de fazer valer, através de uma ação, o não-cumprimento do dever jurídico, ou melhor, o poder de intervir na produção da decisão judicial" (Clóvis Beviláqua (16)).

Personalidade jurídica significa dizer que toda pessoa é dotada de personalidade. Se trata de conceito básico da ordem jurídica, que a estende a todos os homens indistintamente, consagrando-a na legislação civil e nos direitos constitucionais de vida, liberdade e igualdade. É a qualidade jurídica que se revela como condição preliminar de todos os direitos e deveres (Haroldo Valladão in Maria Helena Diniz (17)).

Para Caio Mário da Silva Pereira (18), liga-se à pessoa a ideia de personalidade, que exprime a aptidão genérica para adquirir direitos e contrair obrigações.

O conceito de personalidade está totalmente relacionado ao conceito de pessoa, pois àquele que nasce com vida, torna-se uma pessoa, ou seja, adquire personalidade. Ser pessoa e consequentemente adquirir personalidade, é pressuposto básico para inserção e atuação da pessoa na ordem jurídica.

De acordo com a doutrina majoritária não há que se diferenciar personalidade de capacidade, no entanto, há aqueles que afirmam que a personalidade jurídica é conceito absoluto – existe ou não existe, enquanto a capacidade jurídica é conceito relativo, ou seja, é possível ter ou não capacidade e em graus variados.

Há também que se distinguir a chamada legitimação, hipótese de capacidade especial que se exige em determinadas situações, para a prática de determinados atos jurídicos, sendo certo que a legitimação não se confunde com capacidade.

Para os fins do presente artigo será utilizada a ideia de que a capacidade de direito e de gozo é aquela que todos têm, pois, com a concepção, surge, pelo menos, a expectativa do direito à personalidade e se inicia a proteção jurídica do indivíduo, que a adquire ao nascer com vida, de forma que não é possível negá-la ao indivíduo sob pena de negar a qualidade como pessoa.

Já a chamada capacidade de fato ou de ação é a aptidão de exercer por si só, os atos da vida civil, havendo hipóteses em que alguns indivíduos as têm de forma mitigada, por lhe faltar alguns dos requisitos que a lei exige com o intuito de protegê-las, exigindo que seja necessária a intervenção de outra pessoa que possa lhe representar ou assistir.

Em outras palavras, pode se dizer que a capacidade de fato ou de ação é dividida da seguinte forma: plena, relativamente mitigada, totalmente mitigada. Justamente neste ponto, observamos os primeiros limites legais para exercício da autonomia da vontade, pois, não detém aptidão para exercício, por si só, para os atos da vida civil, haja vista que o ordenamento jurídico brasileiro prevê diversas hipóteses as quais seguem:

Código civil brasileiro (14):

Art. 3º São absolutamente incapazes de exercer pessoalmente os atos da vida civil os menores de 16 (dezesseis) anos. (Redação dada pela Lei nº 13.146, de 2015) (Vigência)
Art. 4º São incapazes, relativamente a certos atos ou à maneira de os exercer: (Redação dada pela Lei nº 13.146, de 2015) (Vigência)
I - os maiores de dezesseis e menores de dezoito anos;
II - os ébrios habituais e os viciados em tóxico; (Redação dada pela Lei nº 13.146, de 2015) (Vigência)
III - aqueles que, por causa transitória ou permanente, não puderem exprimir sua vontade; (Redação dada pela Lei nº 13.146, de 2015) (Vigência)
IV - os pródigos.
Parágrafo único. A capacidade dos indígenas será regulada por legislação especial. (Redação dada pela Lei nº 13.146, de 2015) (Vigência)

Ou seja, diante das normas legais brasileiras, pode se dizer que os menores de 16 (dezesseis) anos, não detém capacidade para os atos da vida civil e necessitam, obrigatoriamente, de um responsável para seu exercício.

Também, os elencados no artigo 4º e incisos, bem como do disposto no parágrafo único, podem, desde que assistidos por algum responsável, exercer alguns atos da vida civil. Ainda, é fato que a celebração de atos jurídicos por estes não é inválida, desde que não haja oposição e seja sobre bens e direitos disponíveis, sendo certo que não em relação a própria vida, pois, o direito a vida é bem jurídico indisponível.

Ou seja, para exprimir suas vontades, os menores de 16 anos e os de idade igual ou superior a 16 anos, bem como os demais sujeitos elencados no artigo 4º, devem, obrigatoriamente, serem assistidos por algum responsável, seja ele um parente ou por pessoa designada pelo Estado.

Já, os maiores de 18 anos, desde que em suas plenas faculdades mentais e não elencados em nenhuma das hipóteses previstas no artigo 4º, poderão exprimir sua vontade de acordo com suas convicções, desde que dentro da legalidade.

3. INFORMAÇÃO AO PACIENTE

Sem dúvida, para que seja possível exercer, de forma autônoma e plena, uma vontade, o indivíduo - paciente, deve estar dotado das informações necessárias sobre o tema, em nosso caso, de adoção de cuidados paliativos.

Como exposto a seguir, há no sistema legal nacional diversos mecanismos que visam proteger o paciente no que toca a forma e quais informações devem lhe ser passadas pelo profissional médico.

Notadamente, no Brasil, tem-se que a atividade médica é reconhecida como relação de consumo e, portanto, regida em grande parte, pelas leis do sistema de proteção do consumidor. Também, no que são omissas as leis consumeristas, são aplicados os dispositivos do código civil e normas infralegais.

É importante iniciar este tópico com a informação acima, pois, por muito tempo houve reflexão sobre o tema, que, atualmente, se encontra pacificado pela doutrina e jurisprudência nacionais como relação de consumo.

Tendo exposto sobre a superada controvérsia, tem-se ainda que, além da obrigação moral e deontológica, é dever legal do profissional médico informar ao cliente - consumidor sobre a terapêutica a ser adotada, sua eficácia e riscos.

Assim, pela ótica legal o código de defesa do consumidor, lei 8078/90, em seu artigo 6º inciso I, prevê que é direito básico do consumidor a proteção a vida, a saúde e a segurança pela prática de produtos e serviços considerados perigosos ou nocivos.

> Art. 6º São direitos básicos do consumidor (19):
> I - a proteção da vida, saúde e segurança contra os riscos provocados por práticas no fornecimento de produtos e serviços considerados perigosos ou nocivos;

É fato que a atividade médica é perigosa e nociva ao paciente, sendo certo que a atividade médica, interpretada neste estudo como sendo prestada por todo o corpo clínico necessário ao auxílio do paciente, é naturalmente ilícita, ao passo que, via de regra, causa um dano menor em busca de uma possível cura ou redução dos maiores danos presentes no corpo do paciente.

Portanto, nas palavras de Sérgio Cavalieri (20):

> A atividade médica é essencialmente perigosa, tem o chamado risco inerente, conforme destacamos anteriormente (item 28.3), assim entendido o risco intrinsecamente atado à própria natureza do serviço e ao seu modo de prestação. Toda cirurgia, até a mais simples, produz um risco inevitável, que não decorre de defeito do serviço. Não é possível realizar determinados tratamentos sem certos riscos, às vezes até com efeitos colaterais, como a quimioterapia e a cirurgia em paciente idoso e de saúde fragilizada, ainda que o serviço seja prestado com toda a técnica

e segurança. Em princípio, o médico e o hospital não respondem pelos riscos inerentes. Transferir as consequências desses riscos para o prestador do serviço seria ônus insuportável; acabaria por inviabilizar a própria atividade.

Ainda sobre o tema, segundo Miguel Kfouri Neto (21):

> A maioria dos atos médicos implica, inevitavelmente, riscos para o paciente. Assim, nem sempre intervenção ou tratamento causadores de dano indicam a existência de culpa médica. (...). Existem fatores, inerentes ao paciente ou ao próprio tratamento, que intervêm e muitas vezes condicionam o sucesso da terapia, impedem ou retardam a cura e provocam efeitos colaterais indesejáveis. (...) Mesmo em tratamentos singelos, a álea está presente ainda que em proporções menores mas nunca deixa de existir. (...) O médico sempre atua sobre um contexto biológico frágil e instável. Na maior parte dos casos, o profissional busca amenizar situação preexistente e desfavorável. A complexidade do organismo humano e a inevitável influência de fatores externos fazem dessa incerteza atributo indissociável da prática médica. As reações do doente são as mais variadas e imprevisíveis. Todos os tratamentos sem exceção apresentam margem de erro que, como já dissemos, pode ser diminuída, mas nunca eliminada. Por isso, não se justifica transferir para o profissional todos esses riscos e áleas.

Eis que, torna-se relevante dizer que um tratamento de saúde estará sempre sujeito à criação de um dano suportável pelo paciente, em busca da redução ou extinção de situação de saúde pior. Neste estudo, serão abordados os fatos ligados aos cuidados paliativos que, apesar de não serem instituídos como forma de buscar uma cura, são métodos que visam atenuar os efeitos causados pela doença irreversível e preservação da dignidade humana.

Assim, dado o ilícito do procedimento de saúde, tal qual a incisão de objeto perfuro cortante e a introdução de objetos, por terceiros, no corpo de um indivíduo, ou, a ingestão de substâncias tóxicas ao corpo, que terão ações terapêuticas desde que administradas com a posologia correta, é certo que quando realizadas com a devida orientação e conscientização do paciente, sua aceitação ao tratamento e permissão aos profissionais para sua realização, esta situação tem sua ilicitude afastada, haja vista que todos estes danos, serão realizados com o objetivo de promover a saúde e conforto alcançáveis em razão de quadro de saúde irreversível.

Também, é necessário verificar que o anteriormente mencionado dever moral, deontológico e legal dos profissionais de saúde, se entrelaça com o direito do paciente em ser devidamente informado e conscientizado sobre seu estado de saúde e terapêuticas que poderia adotar em razão de seu estado de saúde.

Conforme exposto no código de defesa do consumidor (19):

> **Art. 6º São direitos básicos do consumidor:**
> III - a informação adequada e clara sobre os diferentes produtos e serviços, com especificação correta de quantidade, características, composição, qualidade, tributos incidentes e preço, bem como sobre os riscos que apresentem; (Redação dada pela Lei nº 12.741, de 2012) Vigência
> **Art. 39. É vedado ao fornecedor de produtos ou serviços, dentre outras práticas abusivas:** (Redação dada pela Lei nº 8.884, de 11.6.1994)
> V - prevalecer-se da fraqueza ou ignorância do consumidor, tendo em vista sua idade, saúde, conhecimento ou condição social, para impingir-lhe seus produtos ou serviços;

Conforme exposto no código de ética médica (RESOLUÇÃO CFM Nº 2217 DE 27/09/2018) (22):

> **É vedado ao médico:**
> Art. 13. Deixar de esclarecer o paciente sobre as determinantes sociais, ambientais ou profissionais de sua doença
> Art. 22. Deixar de obter consentimento do paciente ou de seu representante legal após esclarecê-lo sobre o procedimento a ser realizado, salvo em caso de risco iminente de morte.
> Art. 23. Tratar o ser humano sem civilidade ou consideração, desrespeitar sua dignidade ou discriminá-lo de qualquer forma ou sob qualquer pretexto
> Art. 24. Deixar de garantir ao paciente o exercício do direito de decidir livremente sobre sua pessoa ou seu bem-estar, bem como exercer sua autoridade para limitá-lo

Como exposto, houve imenso avanço desde os primórdios da medicina, afastando o sacerdócio e visão de superioridade do profissional médico para o reconhecimento do paciente como parte integrada de seu processo de estabelecimento e escolha do tratamento.

Portanto, verifica-se que o instrumento principal, visando tornar plena a manifestação de vontade do paciente, é a correta realização da conscientização do paciente, levando-se em conta o nível de educação/ instrução do paciente, buscando, sempre, a exaustão do assunto e esclarecimento das dúvidas que, porventura, venham a existir em sua aplicação no caso concreto.

Incluído no processo de conscientização do paciente, para sua devida orientação, existe o conceito de "paciente concreto" e do letramento funcional em saúde, que é justamente a aplicação do supracitado, qual seja levar em conta o paciente com um ser multifacetado, com todas as suas peculiaridades mentais, físicas e sociais para compreensão do tratamento proposto e, assim, mitigar a ilicitude das condutas e adquirir a permissão para a realização do tratamento.

Usualmente, o momento de concretização e formalização da informação ao paciente, se dá com a elaboração de termo de consentimento livre e esclarecido, onde, o paciente, informa que foi informado sobre sua condição de saúde, o prognóstico em relação ao quadro de saúde e a terapêutica adotada, seja ela buscando uma cura ou apenas a realização de cuidados paliativos.

O consentimento informado é constituído por cinco elementos distintos: competência, comunicação, compreensão, voluntariedade e consentimento (CASTRO et al., 2020) (23). Ou seja, são os requisitos que representam a base para a validade do consentimento informado (PAZINATTO, 2019) (24)

Grande parte da compreensão do paciente em obter informações e explicações do profissional de saúde depende de sua capacidade de entender textos, desenhos, materiais visuais e animações apresentados durante a consulta (WITISKI et al., 2019) (25). Assim, não existe autonomia sem conhecimento e não existe conhecimento sem uma comunicação eficaz (PASSAMAI et al., 2012) (26)

Portanto, é extremamente relevante a observação dos conceitos do paciente concreto e do letramento funcional em saúde, também, nos casos de escolha do paciente por cuidados paliativos, haja vista que a adoção desta terapêutica tem como intuito a preservação da dignidade além de qualquer objetivo de cura.

Sendo assim, imperioso se faz observar as condições de saúde e educacionais do indivíduo - paciente, no momento de sua orientação, levando-se em conta as disposições legais sobre a capacidade da parte, bem como sua possibilidade de exprimir sua vontade e a forma que se dará a expressão desta vontade.

4. DA MANIFESTAÇÃO DA VONTADE E DA AUTONOMIA

A manifestação da vontade, por vezes, necessitará da participação de mais de um sujeito, haja vista que na hipótese de ser o paciente um daqueles elencados nos artigos 3º ou 4º do código civil brasileiro, este não poderá expressar sua vontade de forma direta, mesmo tendo sido informado devidamente.

No ordenamento jurídico brasileiro **não há forma definida sobre como deve ser a manifestação da vontade do paciente. Mas, é fato que, para se alcançar a segurança jurídica desejável, esta manifestação, de preferência, deve ser escrita levando-se em conta, também, os requisitos do código defesa do consumidor** e nas normas infralegais que ditam sobre a segurança documental do paciente.

Deve se ter em mente que a instalação dos cuidados paliativos, assim como qualquer outra terapêutica a ser indicada, é um ato médico e, também, um negócio jurídico.

Ou seja, além de ter de observar as técnicas e normas adequadas no exercício da medicina, deve atender as normas legais de qualquer outro negócio jurídico.

A parte (paciente) deve entender que está contratando com o profissional os atos médicos compatíveis com manutenção e/ou reestabelecimento da dignidade, sem qualquer chance de cura a ser alcançável em razão da terapêutica adotada e que, ao final, o negócio jurídico poderá se encerrar com a terminalidade da vida, sem qualquer tipo de reponsabilidade civil daquele que indicou aqueles cuidados que foram aceitos pelo paciente.

Ainda, além dos preceitos legais a serem observados, é fato que existe a questão filosófica por trás da manifestação da vontade.

> Citando Kant, Eduardo Dantas (pag. 115) (27), em sua obra Direito Médico 4ª edição, afirma que A preocupação de Kant com a autonomia estava em examinar o que considerava um dos mais importantes aspectos do ser humano – sua vontade. Enquanto uma pessoa for capaz de decidir o que deve ou não fazer, ela é responsável por suas ações. E qualquer ação motivada por algum tipo de fundo moral deve emanar de um dever, em lugar de uma inclinação(28)

Ou seja, a autonomia significa o indivíduo agindo em sua razão.

A manifestação da vontade é o ápice do exercício da autonomia, pois, se a autonomia é o exercício da razão, pelo indivíduo, em decorrência de suas convicções, o momento em que expressa sua vontade, e aceita os cuidados paliativos é o momento de consolidação de todo o processo de aceitação de seu quadro de saúde, de reconhecimento de incapacidade de cura e de desejo pela dignidade, em seu máximo possível, enquanto aguarda o evento morte.

E, com as devidas vênias para discordar de parte da doutrina que entende que a possibilidade jurídica da autonomia do paciente para decidir pelos cuidados paliativos se encontra consolidada do artigo 5º II da Constituição Federal do Brasil, os cuidados paliativos não são caracterizados como recusa de tratamento, mas, sim, tratamento que não visa o alcance da cura da doença que levará a terminalidade da vida ou de cura para doença que gere incapacidade parcial mas que, não necessariamente, finalize com a morte do paciente. Ou seja, busca proporcionar tratamentos sintomáticos e que reestabeleçam a maior dignidade possível ao indivíduo doente.

Tanto é verdade que, em combinação com a posição filosófica de Kant, o Conselho Federal de Medicina, expediu resolução tratando de diretivas antecipadas de vontade, qual seja a de nº 1995/2012.

Apesar da controvérsia da resolução supracitada, é fato que vem sendo utilizada no Brasil como forma de, ao mínimo, tentar deixar gravada a vontade do indivíduo na hipótese de não conseguir exprimir sua vontade ou de escolher quem deverá ser encarregado de tomar as decisões de saúde na hipótese de sua impossibilidade.

É fato que ainda há muito o que avançar sobre o tema, inclusive, com a competente edição de lei federal normatizando o assunto e trazendo as balizas formais para a extensão dos poderes e formas de exercício.

Ou seja, o indivíduo, pleno e em suas convicções, pode, sim, sem caracterizar recusa de tratamento e nem ato que possa caracterizar abreviação da vida, escolher e dispor sobre as formas de tratamento e limites, mesmo incapacitado naquele instante. Inclusive deixando estabelecido quem responderá por tais questões na hipótese de sua ocorrência.

Portanto, são inúmeras as possibilidades de expressão da vontade e exercício da autonomia, desde que observados os ditames legais e infralegais.

5. CONSIDERAÇÕES FINAIS

Após todo o exposto, a autonomia do paciente para adesão ou não dos cuidados paliativos deve ultrapassar as barreiras legais referentes a capacidade legal do indivíduo.

Também, deve ser caracterizada pela boa e adequada informação, conscientização e esclarecimento ao paciente.

E, ao final, deve ser expressa, de preferência em documento escrito, seja através de termo de consentimento livre e esclarecido ou nas demais formas possíveis e admitidas em direito, como a diretiva antecipada de vontade, testamento vital etc. Mas, como dito, preferencialmente de forma documentada e, se possível, depositada junto ao prontuário médico do paciente, haja vista se tratar de documento de informação de saúde, visando trazer maior segurança as partes.

Assim, certamente haverá a segurança jurídica necessária para que sejam diminuídas as hipóteses de questionamento judicial da validade da manifestação da vontade, caracterizada pelo exercício da autonomia do indivíduo para adesão ou não do tratamento dos cuidados paliativos.

REFERÊNCIAS

World Health Organization- WHO. Definition of palliative care. [citado 2012 abr 19] Disponível em http://www.who.int/cancer/palliative/definition/en/.

Prendergast TJ, Claessens MT, Luce JM. A national survey of end-of-life care for critically ill patients. Am J Respir Crit Care Med. 1998;158(4):1163-7.

Moritz R.D., Pamplona F. Avaliação da recusa ou suspensão de tratamentos considerados fúteis ou inúteis em UTI. Rev Bras Ter Intensiva. 2003;15(1):40-4.

Elias N. A solidão dos moribundos. Rio de Janeiro (RJ): Jorge Zahar; 2001.

The quality of death: ranking end-of-life care across the world. Commissioned by Lien Foundation [Internet]. Economist Intelligence Unit. 2010.[cited 2012 June

16]. Available from: http://graphics.eiu.com/upload/ QOD_main_final_edition_Jul12_toprint.pdf

Nelson J.E., Angus D.C., Weissfeld L.A., Puntillo K.A., Danis M., Deal D., Levy M.M., Cook D.J.; Critical Care Peer Workgroup of the Promoting Excellence in End-of-Life Care Project. End-of-life care for the critically ill: A national intensive care unit survey. Crit Care Med. 2006;34(10):2547-53

Moritz R.D., Lago P.M., Souza R.P., Silva N.B., Meneses F.A., Othero J.C.B. et al . Terminalidade e cuidados paliativos na unidade de terapia intensiva. Rev. bras. ter. intensiva [serial on the Internet]. 2008 Dec [cited 2013 June 19] ; 20(4): 422-428

Malacrida R., Bettelini C.M., Degrate A., Martinez M., Badia F., Piazza J., et al. Reasons for dissatisfaction: a survey of relatives of intensive care unit patients who died. Crit Care Med. 1998;26(7):1187-93.

Henneman EA, Cardin S. Family-centered critical care: a practical approach to making it happen. Crit Care Nurse. 2002;22(6):12-9.

A controlled trial to improve care for seriously ill hospitalized patients. The study to understand prognoses and preferences for outcomes and risks of treatments (SUPPORT). The SUPPORT Principal Investigators JAMA, 1995;274:1591-1598

BRASIL. Lei n° 10.406, de 10 de janeiro de 2002. Institui o Código Civil.

Maria Helena Diniz

Clóvis Beviláqua

Haroldo Valladão in Maria Helena Diniz

Caio Mário da Silva Pereira

BRASIL. Lei n° 8078/90, de 11 de setembro de 1990. Dispõe sobre a proteção do consumidor e dá outras providências.

Cavalieri Filho, Sergio. Programa de responsabilidade civil. São Paulo, Atlas, 2014, p. 14-16.

Cavalieri Filho, Sergio. Programa de responsabilidade civil. São Paulo, Atlas, 2014, p. 14-16

BRASIL, RESOLUÇÃO Conselho Federal de Medicina *N° 2217 DE 27/09/2018*

CASTRO, C. F. DE et al. Termo de consentimento livre e esclarecido na assistência à saúde. Revista Bioética, v. 28, n. 3, p. 522–530, set. 2020.

PAZINATTO, M. M. A relação médico-paciente na perspectiva da Recomendação CFM 1/2016. Revista Bioética, v. 27, n. 2, p. 234–243, jun. 2019.

WITISKI, M. et al. Barreiras de comunicação: percepção da equipe de saúde/Communication barriers: perception of a healthcare team. Ciência, Cuidado e Saúde, v. 18, n. 2, 15 jul. 2019.

PASSAMAI, M. DA P. B. et al. Letramento funcional em saúde: reflexões e conceitos sobre seu impacto na interação entre usuários, profissionais e sistema de saúde. Interface - Comunicação, Saúde, Educação, v. 16, n. 41, p. 301–314, 19 jun. 2012.

Dantas,EDUARDO, Direito Médico 4ª ed. rev. ampl. Atual – Salvador: editora juspodivm 2019 – pag. 115

KANT, I. Fundamentación de la metafísica de las costumbres, 7ª ed. Madrid: Ed. Espasa Calpe, 1981.

AS QUESTÕES ÉTICAS RELACIONADAS AOS CUIDADOS PALIATIVOS E SUA HUMANIZAÇÃO NA SAÚDE.

ALESSANDRA CHRISTINA ALVES[1]

INTRODUÇÃO

Este artigo é destinado a pacientes, familiares, que passam ou venham passar por alguma doença crônica grave ou doença em fase terminal e não sabem lidar com esse processo de transição até a morte, bem como para a equipe multidisciplinar que se atenham em conhecimentos sobre a autonomia do paciente em processos de transição, aos profissionais de

---

[1] Advogada desde 1996
Ex-Estagiária da Procuradoria Geral do Estado da Comarca de Guarulhos 1993-1996
Ex-Conciliadora da 2.ª Instância no Tribunal de Justiça do Estado de São Paulo.
Especialista em Direito da Família e das Sucessões
Pós-Graduação em Direito Empresarial
LLM- Direito Empresarial
Pós-graduação em Processo Civil
Especialista em Direito Médico e da Saúde
Membro da Comissão Estadual de Direito Médico da ABA/SP
Membro da Comissão Especial de Bioética e Biodireito da OAB/SP
Coautora do Livro – Direito Preventivo para Profissionais de Saúde (Obra coletiva)

saúde que tenham mais compaixão e humanização na saúde aos devidos cuidados na comunicação e informação com os seus pacientes e familiares, sem que seja afetada seu emocional, psicológico e espiritualidade (FÉ).

O objetivo deste trabalho visa pontuar aos profissionais da saúde a humanização em cuidados paliativos é um passo muito importante para apoiar o julgamento ético ponderado na prática diária da assistência.

A Humanização da saúde nos cuidados paliativos visa objetivar e identificar as questões éticas relacionadas com as preferências do paciente e até da própria equipe multidisciplinar no dia -a- dia.

Cuidados Paliativos englobam qualquer doença que ameaça a vida, pode ser progressiva ou até mesmo incurável.

Seu principal conceito é de promover a qualidade de vida aos pacientes e seus familiares por meio de prevenção e o alívio do sofrimento e da dor.

E várias são as formas de tornar essa situação o mais confortável possível ao paciente e seus entes queridos.

A humanização da saúde é justamente o tratamento de maneira como a equipe aplicará o plano terapêutico nos campos emocionais, físico, social e até mesmo espiritual, ou seja, todas as áreas devem estar em harmonia para que o paciente se sinta bem, pois, infelizmente será essa nova situação a ser enfrentada e todos possam se sentir melhor e confortáveis, diante da nova rotina.

A equipe multidisciplinar exerce a função de extrema importância eis que trabalham juntos na busca de melhorias diariamente do paciente e de seus familiares e devem ser analisadas de maneira integrada.

O respeito à autonomia do paciente é um princípio ético e reconhecido em diversas áreas da assistência à saúde incluindo cuidados paliativos, porém nem sempre as preferências do paciente são respeitadas. Um passo importante para melhor compreender as questões éticas em relação aos cuidados paliativos.

Este trabalho objetiva identificar e analisar as questões éticas relacionadas à humanização da saúde, às preferências e autonomia do paciente, reconhecidas por alguns profissionais no cotidiano de uma equipe de cuidados paliativos.

O principal conceito de cuidados paliativos[2] é de promover a qualidade de vida dos pacientes e seus familiares por meio de prevenção da dor e alívio do sofrimento.

Os princípios são:
- Promover o alívio da dor e outros sintomas
- Afirmar a vida e considerar que a morte é um processo natural
- Não acelerar e nem adiar a morte
- Integrar os aspectos psicológicos e espirituais no cuidado ao paciente
- Oferecer condições de suporte que possibilite ao paciente viver tão ativamente quanto possível até o momento da sua morte
- Oferecer suporte auxílio de ambos (familiares e paciente) com abordagem multiprofissional focando as necessidades de cada um incluindo o acompanhamento do luto
- Melhorar a qualidade de vida influenciando positivamente o curso da vida
- Iniciar o quanto antes as medidas e prolongamento da vida como em casos oncológicos que lhes sejam pertinentes lembrando que **cada caso é um caso**, por exemplo: quimioterapias e radioterapias incluindo investigações necessárias para melhor compreender a controlar situações estressantes e desnecessárias.

---

[2] *Definição*: Segundo a Organização Mundial da Saúde (OMS,2002), "Cuidados Paliativos consistem na assistência promovida por uma equipe multidisciplinar, que objetiva a melhoria de qualidade de vida do paciente e de seus familiares, diante de uma doença que ameace à vida, por meio da prevenção e alívio do sofrimento, da identificação precoce, avaliação impecável e tratamento de dor e demais sintomas físicos, sociais, psicológicos e espirituais.

Foram entrevistados, a seguir alguns profissionais e uma família a qual passou por uma perda recente, os quais pudemos identificar as principais questões da bioética e a importância dos cuidados paliativos em humanização[3] da saúde.

Questões que envolvem o respeito à autonomia do paciente, como e quando e de que forma são indicados os cuidados paliativos, prognóstico, decisão terapêutica, as preferências do paciente, a veracidade e direito a informação, habilidades de comunicação, se existem obstáculos e quais são para a implantação dos cuidados paliativos, a transição, escolha do local e tratamento até o óbito.

1. A BOA COMUNICAÇÃO

Na minha opinião acho que é o principal instrumento e o grande motivo de inúmeras reclamações em face dos profissionais de saúde é o ato de comunicação, ou seja, a boa comunicação entre os médicos e estender aos familiares do paciente a até mesmo ao próprio paciente.

A boa comunicação envolve em aprender a se comunicar em cada interação, a comunicação inicial da doença, a comunicação do agravamento da doença, a comunicação dentro dos cuidados paliativos, a comunicação durante o tratamento.

As questões éticas relacionadas as preferências do paciente na comunicação entre os profissionais de saúde e pacientes e/ou familiares, muitas dificuldades de comunicação podem ser impostas.

Os pacientes podem ter sua capacidade de compreensão ameaçada ou diminuída devido a estados de humor como ansiedade e depressão e, em alguns casos já avançados a diminuição do nível de consciência, comprometimento cognitivo sensorial ou de dor e outros sintomas intensos.

---

[3] Humanização – o desafio de cuidar do ser com competência humana e científica.

A participação da família ou representante legal do paciente em relação às decisões sobre a condução do caso torna-se ainda maior.

Além disso, os profissionais da saúde podem ter dificuldades em realizar uma interação efetiva com o paciente, mas isso não lhe dá o direito de ser extremamente frio e desumano dizendo ao próprio paciente que este terá apenas alguns dias, alguns meses de vida, antecipando, para tanto, a data de óbito de seu paciente.

Notícias como estas, sem a devida humanização, preparação correta aos pacientes ao comunicar sobre uma doença grave e terminal abala totalmente de forma emocional a sua esperança e qualquer tipo de crença (fé).

Vale ressaltar que, é claro que o acesso à informação é um elemento ético muito importante na relação terapêutica, mas a qualidade desta comunicação deve beneficiar o paciente a evitar o dano emocional que está má notícia pode lhe causar. E em muitos casos os familiares questionam se o paciente realmente quer saber a verdade e, se isso pode prejudicá-lo se seria melhor omitir parte da verdade quanto à gravidade da doença, ou não ser verdadeiro para preservar a esperança do paciente. Pois, nem todas as pessoas são iguais para encarar quanto as boas e más notícias, qual seu estado de humor naquele momento.

Essa ainda é uma questão de preocupação na atualidade.

A pergunta que se faz é: Então é lícito expor o paciente a uma verdade que às vezes ela não quer ver? Não vai querer saber?

Assim, entende-se que a informação deve ser ofertada ao paciente com muito cuidado respeitando também o direito de "não saber".

Afinal, não gostaria que ninguém passasse pelo que passei e escutar de um médico neurologista intensivista que sua mãe seria um estorvo para família, após sofrer um AVC hemorrágico em junho/2013, por conta de um tumor maligno e raro diagnosticado em outubro/2012.

Após o resultado de uma biópsia constar "metástase por adenocarcinoma pouco diferenciado", traduzindo minha mãe foi acometida por um tumor maligno e raro com sítio primário desconhecido já em grau IV, ou seja, em fase terminal, aqui no momento da comunicação o médico na época, sem qualquer tipo de preparação e em alto e bom som na frente da minha mãe e de seus familiares, bem como outras pessoas desconhecidas que ali estavam presentes que ela teria então, apenas 06 (seis) meses de vida, na forma mais maldosa, constrangedora e desumana.

E, naquele momento não nos fora indicado ou apresentado qualquer forma de tratamento adequado como o considerado **"o verdadeiro cuidados paliativos"**, apenas nos foi imposto aos cuidados habituais que em muitos casos geram ainda mais desconforto, dor e sofrimentos à certos pacientes, sem que este possa dizer qual sua real vontade. Induzindo, em terapias que às vezes os pacientes só pioram, pois, infindáveis sessões de quimioterapia, radioterapia, transfusões de sangue e plaquetas, diversos exames invasivos utilizados desnecessariamente, uma vez que abreviam a morte do paciente e não estadiamento como alguns médicos nos fazem crer.

E, por certo, digo que no caso de minha mãe em específico, se o próprio médico afirmou que lhe restavam apenas 06 (seis) meses de vida, qual a necessidade de impor tratamentos sem qualquer base cientifica para este caso no qual considerado raríssimo no qual minha mãe foi acometida? Se não havia qualquer tipo de tratamento para o caso em questão, bem como ainda foi dito pelo próprio médico que 2% (dois por cento) das pessoas no mundo foram acometidas por este tipo de tumor raro, ou seja, que seria mais fácil ela ter ganho na loteria várias vezes.

Creio que diante desta comunicação totalmente de forma inadequada não haveria nenhuma necessidade de ser dita à paciente da forma como foi informada. Mas, sim poderia ter sido dada a comunicação da maneira mais viável aos familiares primeiramente, para podermos avaliar qual a necessidade de certas informações. Afinal a doença não pode ser omitida, porém em relação a gravidade na minha opinião tenho minhas dúvidas, eis que certas pessoas não possuem capacidade psicológicas para saber e até que ponto devemos dizer a verdade sobre a gravidade e tempo de vida.

Principalmente quanto ao "prazo de validade" do paciente, como frisam certos profissionais de saúde, acredito ser a forma mais desumana de má notícia, e por fim cabe ao paciente questionar sobre a verdade e questionamentos sobre quanto tempo de vida ainda lhes resta.

A falha na devida comunicação envolve várias questões a serem encaradas pelos pacientes.

O informe sobre o tempo de vida de quem dispõe é algo totalmente disponível, pois na maior parte das vezes está errado e traz angústias frequentemente desnecessárias.

Obviamente, isso não implica em omitir a gravidade do quadro clínico do paciente, porém, uma forma mais humanizada deveria ser tomada por parte dos profissionais de saúde em comunicar sobre uma doença grave, crônica e/ou ainda em estágio terminal.

Afinal, ninguém espera e quer receber uma notícia de sentença de morte, que aliás em muitos casos a indicação de cuidados paliativos se confundem com término da vida e que, nem sempre estão ligados somente a terminalidade da vida, atualmente os cuidados paliativos estão sendo aplicados e indicados para pacientes tratarem de pós-Covid, esclerose múltipla, fibromialgia.

O próprio paciente terá a hora certa de indagar ao médico sobre seu real estado de saúde, uma vez que saberá de alguma forma o que está acontecendo através da mudança em seu corpo.

As fases pós comunicação dependendo de como foi passada.

1. Negação/Isolamento – "Não pode ser comigo"

O paciente entra em choque

2. Raiva – "Por que eu"?

A negação passa a ser transformada em raiva, revolta, ressentimento e sentimento de impotência.

Nesta fase o paciente não quer nem receber visitas.

3. Depressão

Após a negação e a raiva, há a perda da autonomia sobre o próprio corpo.

Aparece sentimento de perda, finanças, família, emprego, capacidade limitante em realizar as suas atividades do dia a dia como as profissionais e de lazer, as vezes alguns pacientes simplesmente desistem de sua luta chegam a aceitação e se entregam e alguns não morrem só da doença, mas a depressão causada.

4. Aceitação

Alguns aceitam por acharem ser provação.

O silêncio começa a fazer parte de sua vida, ou as vezes se apegam as novas esperanças, fé e lutam contra a doença.

Os profissionais da saúde, devem ter consciência de que não estão enfrentando apenas a doença, mas sim com um ser humano com desejos e expectativas. O sentir de cada um é único.

Afinal, "**o paciente não é um mero paciente ele é sempre o amor de alguém**".

Saliento que, a comunicação da doença seja ela qual for é extremamente importante, o profissional da saúde, deve priorizar a escuta do paciente na maioria das vezes, acreditar em seu paciente, se interessar pela história de vida do paciente, proporcionar ambiente tranquilo para facilitar o ato da comunicação, olhar nos olhos de seu paciente e externar a importância de viver com qualidade.

2. A IMPORTÂNCIA E A INDICAÇÃO DE CUIDADOS PALIATIVOS

Os Cuidados Paliativos devem ser indicados e oferecidos no momento do diagnóstico e durante todo o curso da doença onde é considerada pouca ou quase nada de expectativa de cura.

Pois, o termo "Cuidados Paliativos", não diz respeito a morrer, diz respeito à dignidade humana. Não ter sofrimento para continuar a viver dignamente, visa melhorar a qualidade de vida do paciente e de seus familiares oferecendo as necessidades físicas, psíquicas, sociais e até espirituais.

Sendo que, seu principal objetivo é o alívio da dor e do sofrimento, visando uma qualidade de vida melhor, podendo conciliar os cuidados curativos prolongando o processo de morte e após as fases do luto.

Ao examinar os fatos sobre esse tema tão relevante, infelizmente atualmente existe uma certa resistência a esse tipo de tratamento cuidados paliativos.

Tendo em vista, uma deficiência curricular dos profissionais de saúde, especialmente na área da formação médica de como lidar com as situações limitantes, principalmente as que correspondem a terminalidade da vida.

Nem sempre as preferências e as vontades dos pacientes são respeitadas.

O conhecimento do fato de que se trata de uma doença terminal desencadeia no paciente, na família e na equipe de saúde aspectos importantes a serem considerados.

Em alguns hospitais são tomadas medidas inúteis de sobrevivência as quais mais se parecem com instrumentos de tortura.

Sabemos que os hospitais não estão aparelhados para o tipo de tratamento que visa o alívio e o conforto do paciente. E, muitas vezes, o paciente é visto como um objeto na atuação do médico.

Infelizmente, a medicina preocupa-se mais com desenvolvimento tecnológico do que com o bem-estar do paciente.

É uma tarefa desafiante focalizar o paciente como pessoa e tratá-lo como ser humano.

O paciente não exerce sua autonomia como lhe é de direito, acabam sendo internados em hospitais cada vez mais modernos e sofisticados e em vez de um repouso com tranquilidade e conforto, recebem inúmeras transfusões, picadas, intubação, cateteres, diversos exames invasivos sem qualquer necessidade.

Havendo aqui na verdade uma única preocupação com os órgãos somente e não com o paciente como um ser humano.

O fato de gerar pensamentos como doença mortal e/ou doença em fase terminal, carregam o diagnóstico e convivem com a sentença de morte. E, em alguns casos ocorrem os sintomas de ordem psíquica como depressão, falta de fé e espiritualidade.

No caso de doença como câncer o tratamento é brutal e acaba sendo pior que a própria doença.

Os tratamentos que alguns hospitais conceituados consideram em muitos casos cuidados paliativos e/ou estadiamentos como tratamentos quimioterápicos e inúmeras sessões de radioterapia, para esses casos considerados terminais onde não há mais nada a ser feito pelo paciente na minha opinião então não há essa necessidade de realizar esses tratamentos, tendo em vista esses mesmos tratamentos em alguns casos apenas abreviam a morte do paciente.

Ao passo que, não apresentam ao paciente o verdadeiro tratamento de cuidados paliativos em humanização da saúde, que em alguns casos os pacientes ganham uma sobrevida com conforto e sem dor, sem sofrimento.

Aqui caberia não só o princípio da autonomia do paciente o qual deveria ser requerido nas decisões sobre o fim da vida, mas sim o princípio da solidariedade e da compaixão, porque quanto maior é a vulnerabilidade, maior deve ser a proteção e o cuidado, e não o descuido então sejamos solidários. Depender do outro não deveria ser sentido como um peso ou uma vergonha.

Nas entrevistas realizadas em clínicas especializadas em tratamentos voltados apenas aos cuidados paliativos com equipes multidisciplinares sob o olhar técnico e humano de cada profissional relatam sobre a indicação e a importância dos cuidados paliativos.

A profissional arteterapeuta desempenha seu trabalho em diversas clínicas – *"não importa a idade do paciente para que haja os cuidados paliativos e que seja respeitada a vontade do paciente.*

Que as questões que envolvem cuidados paliativos causam muita controvérsia em vários assuntos, que a decisão do paciente é sempre ignorada.

Na minha opinião o conceito de cuidados paliativos é amenizador de dor no qual é proporcionado ao paciente no final da vida a devida qualidade.

Proporcionando ao paciente através de cuidados diários de carinho, sem necessidade de ser invasivo, sempre respeitando a vontade do paciente. Caso ele responda cognitivamente, vai muito além, caso não responda, tendo em vista o paciente já perdeu o senso crítico, a consciência.

Sou a favor de que o paciente declare sua última vontade através de um documento assinado como ele quer ser tratado, para o caso de perder a sua consciência de vez ocasionadas por doenças terminais ou doenças degenerativas, mas muitas vezes não o fazem e acabam que seus familiares o fazem – a família que decidirá quais seriam as suas vontades e em muitas vezes as vontades deste paciente acaba ficando para trás, sendo internados à sua revelia quando profissionais de saúde comunicam que não há mais o que ser feito.

Na minha visão o paciente é visto como um todo eu trabalho com idosos. E, na grande maioria são pacientes acometidos com Alzheimer eles não tem discernimento para decidir nada mais e infelizmente, ele irá apresentar apenas alguns momentos de lucidez, e a decisão sempre é e será da família, porém, muitas vezes, o idoso quer estar junto a seus familiares e em seu lar, porém, sempre são internados em clínicas de repouso, mas caso o pa-

ciente tenha que permanecer internado levar alguns objetos que identifiquem como se em casa estivessem tornando o ambiente agradável aos olhos do paciente, fazendo esses pequenos gestos de carinho uma grande diferença.

Os cuidados paliativos envolvem carinho, massagens, fisioterapia, músicas, leituras, bolsa de água quente nada invasivo, a comida que eles mais gostam proporcionando então ao paciente uma qualidade de vida em seus últimos dias, minutos.

Sempre seja respeitada a vontade do paciente".

O relato de um profissional de saúde (médico): "afirmo que cuidados paliativos são cuidados contemporizadores de alívio e suporte de condições mórbidas após o reconhecimento de ausência prognóstica de cura aliviando o paciente de sintomas como dor dificuldades respiratórias e outros. A decisão de paliativos pode se dar quando se espera não mais ajudar o paciente efetivamente sem esperança de cura.

As questões éticas dos cuidados paliativos englobam o respeito, a fragilidade do paciente frente as fases do desfecho da doença que estudos contemplam a negação, a revolta, a negociação e a aceitação dela, respeitando a autonomia e a vontade do paciente, podendo ou não dar margem a uma comunicação delicada e sincera.

Quanto a gravidade da doença, se o paciente quiser e insistir em saber a gravidade da doença, após a consulta e a anuência dos familiares e, relativos não se tendo essa sapiência de se pretender determinar o prazo de vida, embora não se possa abster-se se inquirido de afirmar a gravidade com cuidado para não fragilizar mais ou constranger o paciente.

Quanto ao local de tratamento e morte a deliberação deveria ser estabelecido por conta do paciente, de familiares ou de seus entes queridos, apesar que pessoalmente preferiria morrer em ambiente familiar ao lado de seus familiares e entes queridos.

Sobre os obstáculos na implantação que envolvem os cuidados paliativos a escassez de centros especializados e de vagas.

Sempre se aprende com os pacientes, acompanhantes, familiares e até com outros profissionais de saúde as experiências e desafios de vida transicionais e de mudança de paradigma frente a uma realidade de fim eminente em parcial sem retorno a dura realidade temida por muitos".

O relato de uma médica que trabalha diretamente na clínica que envolvem cuidados paliativos: "Os cuidados paliativos é uma abordagem que promove qualidade de vida dos pacientes e de seus familiares que enfrentam doenças que ameaçam a continuidade da vida, prevenindo e aliviando sofrimento.

Deve ser iniciado o mais precocemente possível, juntamente com outras medidas de prolongamento da vida, incluindo todas as investigações e tratamentos necessários para melhor compreender e controlar as situações clinicas estressantes.

O sujeito da ação é sempre o paciente, respeitar a autonomia, seus desejos e necessidades, melhoram o curso da doença. Todo o núcleo familiar e social do paciente também adoece. A Família, pode e deve ser nossa parceira e colaboradora.

Um grande dilema ético que se apresenta para os profissionais de saúde se refere a quando NÃO utilizar toda a tecnologia possível. A limitação do tratamento considerado fútil e a introdução de procedimentos médicos que visam promover alívio e conforto ao paciente terminal são práticas recomendadas pela Associação Médica Mundial.

Seria desejável que, a atenção básica do nosso Sistema Único de Saúde estivesse apta a ofertar Cuidados Paliativos de qualidade, de acordo com o que esse nível de atenção permite realizar".

O relato de uma mãe, onde ela menciona a importância dos cuidados paliativos, onde envolveram seu filho, no qual faleceu em uma clínica destinada somente aos cuidados paliativos: "Meu filho ficou internado em um hospital a partir do mês de agosto/2021, onde deu-se o início de seu tratamento oncológico, após o diagnóstico de um tumor maligno no cérebro inoperável, a comunicação de uns dos médicos foi cautelosa e com ar de esperança, para que nós não perdêssemos a fé, já outros médicos realizaram a comunicação mais fria e técnica, afirmando que ele teria pouco tempo de vida por ser uma doença grave e que ele apenas sobreviveria se lhe fosse concedido um milagre. Foram indicados inicialmente 30 (trinta) sessões de radioterapia e quimioterapia na tentativa de diminuição do tumor. As fisioterapias eram realizadas por profissionais diferentes os quais não se importavam com a gravidade do caso, e neste caso, meu filho manifestou a vontade de não realizar as sessões de fisioterapias.

Portanto, permaneceu instável por pouco tempo, foram realizadas as 30 (trinta) sessões, houve um retardo no tamanho do tumor, porém, o tratamento de radiação estava causando mais desconfortos, dores intensas, então fomos chamados para uma conversa com a médica oncologista da radioterapia, após a conversa ali mantida ficamos indignados e revoltados com o discurso hostil daquela profissional de saúde, ao comunicar sobre a alta médica: "podem levar seu filho embora para casa ou querem que ele more aqui no hospital? Terão que trazê-lo para as sessões de quimioterapia e radioterapia por conta própria, uma vez que o hospital não irá disponibilizar ambulância ou corram atrás de uma autorização para obter Home Care, junto ao plano de saúde".

Meu filho ao perceber que estava acontecendo questionou e quis saber toda verdade sobre a doença, prognóstico, problemas genéticos ou hereditários.

E, quando soube de toda a verdade sobre a gravidade de sua doença, claro ficou abalado, desanimado, aceitou a doença, mas não perdeu a fé.

Infelizmente, meu filho teve o Home Care negado pela segurada saúde, e então, felizmente nos fora indicado sobre uma clínica de cuidados paliativos, o qual foi a melhor escolha que pudemos fazer ao nosso filho foi tratado de modo humanizado, com carinho, atenção, conforto, dedicação, por todos os profissionais que ali prestam seus serviços, a comida, a limpeza do local. Realmente o objetivo da clínica foi cumprido havendo uma pequena melhora, nos sentimos amparados e preparados para o luto.

Devido a pandemia os familiares que não podiam acompanhar as visitas diariamente fisicamente, os profissionais realizavam ligações por vídeo chamadas para estarem próximos de seus entes queridos.

Achei importante esse tema que envolvem os cuidados paliativos evitando totalmente tratamentos invasivos com dignidade humana, carinho sem sofrimento e sem dor".

Relato de uma cuidadora de uma paciente em estado terminal: *"cuidei de uma jovem senhora a qual foi diagnosticada com tumor na veia cava fez cirurgia, realizou várias intervenções médicas, a doença se agravou gerando metástase, mesmo sendo aplicadas as medicações modernas as quais as deixaram ainda mais debilitada, foi afastada do trabalho e a cada dia ela piorava e não existia nada mais a ser feito, somente cuidados paliativos.*

A paciente, então naquele momento resolveu conversar com seu médico e ele pediu para que ela tomasse a decisão sobre que ela queria fazer, portanto, ela e o marido decidiram não mais tomar nenhum tipo de medicação por conta de ser muito agressivo seu tratamento.

A paciente obteve sua autonomia respeitada dando vida aos dias que ainda lhes restara com os devidos cuidados paliativos uma sobrevida bem melhor. Porém, passado um tempo seu corpo começou a ficar debilitado, onde ela teve tempo de manifestar seus desejos de última vontade descrevendo quais providencias deveriam ser tomadas.

Na minha opinião os cuidados paliativos é uma junção de carinho, amor, cuidado e muita dedicação com o ser humano".

Deixo aqui a demonstração de um outro caso verídico que obteve um final feliz com cuidados paliativos, em 2015 um Médico paliativista – foi diagnosticado com fibrose pulmonar idiopática. Segundo ele *"um transplante de pulmão não estava nos planos, e meu palpite como clínico era que eu tinha 18 meses de vida"*. Junto à família, ele planejou seus cuidados, transformou um cômodo da sua casa em uma espécie de quarto de hospital, voltou a compor músicas e planejou seu funeral. Em abril de 2017, ele realizou o transplante de pulmão que mudou totalmente o curso da doença. Este médico foi curado e reconheceu a importância de receber cuidados paliativos ao longo do processo.

O médico defende que os cuidados paliativos devem ser *"oferecidos a todo indivíduo diagnosticado com uma doença grave como parte de sua rotina de cuidados"*. Isso porque seu principal aprendizado após três décadas trabalhando em medicina paliativa foi: "poucas pessoas querem viver melhor". E, *"ajudar as pessoas a viver melhor muitas vezes requer mais do que remédios. Requer cuidados de equipe que forneçam suporte médico, emocional, espiritual e financeiro aos pacientes e seus familiares para melhor qualidade de vida que lhes resta, que os profissionais entendam o que preciso e importante para seus pacientes se quiserem ajudá-los a alcançar uma sensação de paz e significado nos últimos dias de suas vidas"*. Ele ainda afirma: *"aguardo ansiosamente o momento em que toda instituição de saúde adote a paliação como um paradigma essencial de cuidado, tornando-o um tratamento natural, normal, inicial, e preferencial de todas as pessoas com doença avançada"*. Atualmente o médico dedica-se a difundir a importância da abordagem paliativa.

3. DISCUSSÕES

Um dos critérios mais discutidos e o que se refere ao prognóstico de tempo de vida do paciente. O limite designado em 06 (seis) meses de expectativa de vida poderia ser utilizado para a indicação de cuidados paliativos.

Cuidados Paliativos – Humanização da Saúde

No Brasil a Assembleia Paulista aprovou o projeto de Lei n.º 231/2018[4] - que garante ao paciente com doença terminal, aceitar, recusar tratamentos ou interrompê-los.

Em 2018, Scielo Brasil – Revista Brasileira de Educação Médica um estudo realizado, demonstra que:

---

4 PL n.º 231/2018 – Cuidados Paliativos tem como objetivo regular e proteger o exercício do direito das pessoas quanto à informação e a tomada de decisão durante o processo de enfermidade terminal de modo prévio ou durante o tratamento.

> "dados demonstram que os discentes identificam as deficiências ocasionadas pela ausência ou limitação do ensino de cuidados paliativos na graduação e tem interesse em ver temática como disciplina no currículo, o que sugere a realização de mais estudos sobre o tema"

Para inserir a temática dos cuidados paliativos no contexto do ensino em Medicina, existem alguns aspectos gerais e específicos. O Ministério da Educação, por intermédio das Diretrizes Curriculares Nacionais do Curso de Graduação em Medicina, apresenta recomendações para a formação do estudante de Medicina: *"ele deve ter uma formação geral, humanista, crítica, reflexiva e ética, com capacidade para atuar nos diferentes níveis de atenção à saúde, tanto no âmbito individual quanto no coletivo".*

O profissional de saúde sabe manejar de forma eficaz a alta tecnologia, porém nem todos são tão eficazes quando se trata do manejo do processo da terminalidade, considerando o fato de humanizar a morte e o morrer. Nesse sentido, vale destacar que, na formação em Medicina, a tecnicidade dos tratamentos curativos é o foco principal, sendo necessário preparar o aluno para lidar com os cuidados paliativos e para discutir a questão com os pacientes e familiares, o que geralmente é negligenciado.

Em 2012, o Conselho Federal de Medicina, cria a Resolução CFM nº 1.995/2012, conhecida como Testamento vital, que dispõe sobre as diretivas antecipadas de vontade dos pacientes. Todas estas medidas somam-se na direção da concretização da filosofia da humanização da saúde, cujo objetivo principal é garantir o direito do doente terminal a ser tratado com dignidade.

4. CONSIDERAÇÕES FINAIS

As recentes pesquisas, nos mostram que após a comunicação de doença o foco da atenção, não é a doença em si a ser curada, controlada, mas o paciente, ser entendido como um todo e não como um simples objeto de estudo ou um ser segmentado, o paciente deve ter seu direito de exercer a sua autonomia plena para as decisões a respeito de seu próprio tratamento, buscando excelência no controle de todos os sintomas e prevenção do sofrimento.

O paciente tem que exercer seu direito a prevenção do sofrimento e de seus familiares, a valorização e a atenção aos seus cuidados humanizados, bem como a necessidade de uma comunicação de qualidade e com a devida cautela, pois tratasse de um assunto difícil de se lidar com as possíveis sequelas e ou ainda a proximidade da morte.

Não quero parecer contraditória, mas é um grande equívoco pensar que os cuidados paliativos se resumem apenas aos cuidados dispensados à fase final da vida e quando não há mais nada a fazer, tendo em vista os cuidados paliativos estão sendo utilizados para pacientes acometidos por doenças como esclerose múltipla, fibromialgia e pós Covid.

Muitas pessoas ao escutar a palavra "Cuidados Paliativos" ao ser diagnosticada com uma doença grave e incurável, já acreditam estar escutando sua sentença de morte, porém, um tema ainda bem polêmico, mas nos ajuda na busca da fé, crença e esperança seja qual for a religião, a buscar a Deus solicitando discernimento, aceitar a doença como provação, ter consciência plena de seus atos que devem ser tomados ao ter o conhecimento da doença. Afinal, os cuidados paliativos são para prolongar a vida do paciente com melhor conforto e menos sofrimento possível.

Sejamos conscientes para que nós mesmos possamos tomar nossas próprias decisões e não esperar que algum familiar o faça, sem respeitar a vontade do paciente.

Porém, a compreensão do processo de morrer permite ao paliativista ajudar o paciente a compreender a sua doença, a discutir claramente o processo da sua finitude e a tomar decisões importantes para viver melhor o tempo que lhe resta. Não pretende antecipar e nem postergar a morte, sabendo que ao propor as medidas que melhorem a qualidade de vida, a doença pode ter sua evolução retardada. As ações são sempre ativas e reabilitadoras, dentro de um limite no qual nenhum tratamento pode significar mais desconforto ao doente do que sua própria doença.

Integra aspectos psicossociais e espirituais ao cuidado: Por este motivo o cuidado paliativo é sempre conduzido por uma equipe multiprofissional, cada qual em seu papel específico, mas agindo de forma integrada, com frequentes discussões de caso, identificação de problemas e decisões tomadas em conjunto.

A abordagem de alívio do sintoma sem intervenção em sua causa deve seguir o princípio da hierarquização e da não-maleficência. Antecipação de sintomas é possível quando se conhece a história natural de uma doença, tarefa do médico assistente. Medidas terapêuticas jamais podem se limitar à aplicação de fármacos. Todos os recursos não-farmacológicos podem ser utilizados, desde que confortáveis e aceitos pelo doente. Uma unidade de Cuidados Paliativos deve contar com recursos como: psicoterapia, acupuntura, massagens e técnicas de relaxamento corporal, musicoterapia, terapia ocupacional, fisioterapias e acesso a procedimentos anestésicos para alívio de sintomas, sendo certo que a individualização do tratamento é imperiosa, assim como a atenção a detalhes. O paliativista é minimalista na avaliação e reavaliação de um sintoma. Cada detalhe tem como finalidade última o conforto e o bem-estar do doente.

Somente para deixar registrado há casos em que o paciente em sua crença realiza cirurgias espirituais e aplicação de Reiki para uma melhora em sua dor física.

A clínica de prestação de serviços em cuidados paliativos deve ainda oferecer um sistema de suporte que auxilie o paciente a viver tão ativamente quanto possível, até a sua morte, a importância das decisões e a atitude do paliativista, segui-lo fielmente significa não poupar esforços em prol do melhor bem-estar e não se precipitar, em especial, na atenção à fase final da vida, evitando-se a prescrição de esquemas de sedação pesados, exceto quando diante de situações dramáticas e irreversíveis, esgotados todos os recursos possíveis para o controle do quadro, ou seja, sistema de suporte que auxilie a família e entes queridos a sentirem se amparados durante todo o processo da doença, pois a família em cuidados paliativos é importante tanto quanto o doente, devendo ser adequadamente informada, mantendo um excelente canal de comunicação com a equipe e quando os familiares compreendem todo o processo de evolução da doença e participam ativamente do cuidado sentem-se mais seguros e amparados

Algumas complicações no período do luto podem ser prevenidas. É preciso ter a mesma delicadeza da comunicação humanizada com os familiares, aguardar as mesmas reações diante da perda e manter a atitude de conforto após a morte.

Precisamos estabelecer estratégias de comunicação em cuidados paliativos o mais humanizado possível, levantar a importância que elas exercem na autonomia do paciente, apresentar sentimentos dos profissionais relacionados a abordagem paliativa, apontar a dificuldade na comunicação desses profissionais e não apenas com o paciente, mas também entre as equipes envolvidas no tratamento.

A maioria dos estudos reconhecem a comunicação, a abordagem como aspecto fundamental para intermediar as relações entre médicos, pacientes e familiares, sendo certo que, estes assumem o elevado valor no contexto paliativo.

As pesquisas têm mostrado que o médico aprende a lidar com a doença, mas não a lidar com o doente. Em cuidados paliativos esse é um grande problema porque a doença segue seu fluxo e o grande desafio é como lidar com o doente. A maneira como é dado o diagnóstico dentro do discurso médico nos leva a pensar em um ser humano vulnerável em seus sentimentos, sem se dar conta dos efeitos emocionais que podem causar aos pacientes ao longo da doença e do tratamento oferecido, bem como aos familiares e até mesmo a si próprio. Mais do que um biólogo, mais do que um naturalista, o médico e todos os profissionais da área de saúde deveriam ser fundamentalmente humanistas, apesar de saberem dos procedimentos que são tomados, os médicos não internalizam a gravidade ou não de seus diagnósticos, de suas falas, do impacto que causam em seus pacientes, deixando o mesmo como pano de fundo de uma realidade incompreensível.

Por fim, os profissionais da saúde devem utilizar ainda mais o contato visual, conhecer a história do paciente e o principal o uso da empatia isso é "Humanização".

REFERÊNCIAS

ARANTES, Ana Claúdia Quintana – A Morte é um dia que vale a pena viver – Edição Revista Ampliada – Editora Sextante – 2019

PESSINI, Leocir (Padre Leo) – Humanização e Cuidados Paliativos, BERTACHINI, Luciana – Edição Loyola, 2004.

ABREU, Carolina Becker Bueno de; FORTES, Paulo Antonio de Carvalho. Revista Bioética. (Impr.) ; 22(2): 299-308, maio-ago. 2014. Article Dans Portugais | LILACS | ID: lil-719392

SCIELO, Brasil - Revista Brasileira de Educação Médica – 42(3):78-86, Julho – Sep.2018

Conselho Federal de Medicina – Resolução n.º 1995/2012

São Paulo (SP) – veto total ao Projeto de Lei n.º 213/2018, aprovado pela Assembleia, conforme Autógrafo n.º 32.464 – dispõe sobre proposta sobre consentimento informado e instruções prévias de vontade sobre tratamento de enfermidade terminal de vida.

CUIDADOS PALIATIVOS E RECUSA DE TRATAMENTO

MELISSA DE SOUZA SANTOS[1]

INTRODUÇÃO

Com o passar dos anos a expectativa de vida mudou, atualmente o homem vive mais do que vivia há 100 anos. Conforme dados estimativos do IBGE, a expectativa de vida dos homens passou de 72,8 anos em 2018, para 73,1 anos em 2019 e das mulheres foi de 79,9 anos para 80,1 anos, ou seja, uma pessoa que nasceu no Brasil no ano de 2019 tinha como expectativa de vida, viver em média, até os 76,6 anos.

Através dos avanços advindos na área da medicina a partir do século XX, veio com ela a esperança de poder desfrutar de uma vida mais longa, contudo, o aumento do tempo de vida não implica necessariamente na melhoria da qualidade de vida na velhice.

O rápido envelhecimento populacional no Brasil, transformou de maneira significativa o perfil do processo de adoecimento, tendo em vista um aumento nos casos de câncer, doenças cardiovasculares, pulmonares, neurológicas, e entre outras.

Aqueles que diagnosticados como portadores dessas doenças terão indicações para receber cuidados que envolvam a atenção à saúde de forma integral, considerando todos os aspectos, sendo eles: físicos, psicológicos, espirituais e sociais.

---

[1] Advogada e Gerente Administrativa ILP - Caraguatatuba, Pós Graduada em Direito Civil e Processo Civil e Pós Graduando Direito Médico e da Saúde pela Legale.

Para os autores Rego e Palácios (2066), a morte é uma questão implícita na prática e na formação dos profissionais da saúde.

A OMS Organização Mundial da Saúde, tem como definição de Cuidados Paliativos como "a abordagem que promove a qualidade de vida de pacientes e seus familiares, que enfrentam doenças que ameacem a continuidade da vida, através de prevenção e alívio do sofrimento. Requer a identificação precoce, avaliação e tratamento da dor e outros problemas de natureza física, psicossocial e espiritual"

Conceituar a saúde é levar em consideração o bem-estar físico, psíquico e social, e sobretudo, como cada um vive a sua vida.

Poder decidir como morrer pode parecer cruel para alguns, mas para que tem uma doença incurável e terminal, continuar vivendo pode ser só mais um meio de prolongar o seu sofrimento, uma vez que essa discussão pode ser levada para o contexto religioso, ético ou moral, a imposição da vontade daquele que julga, pode vir a anular por muitas vezes a autonomia do paciente.

A Constituição Federal traz em seu artigo 1º, inciso III a dignidade da pessoa humana.

Do que se trata essa dignidade que a nossa constituição quer proteger?

A dignidade poder ser conceituada de diversas maneiras, afinal, o que é digno para um, pode não ser para o outro.

No dicionário a palavra dignidade, define-se da seguinte forma: qualidade moral que infunde respeito; consciência do próprio valor; honra; autoridade; nobreza.

Veja são conceitos subjetivos, assim como a autonomia do paciente.

1. LEI MÁRIO COVAS

Lei Estadual Nº 10.241 também conhecida como a Lei Mário Covas, permite a suspensão de tratamentos que venham a prolongar a vida de pacientes que se encontram em estado terminal ou sem chances de cura.

Covas ex-governador do estado de São Paulo foi o criador da lei sobre ortotanásia. Com o diagnóstico de um câncer reincidente na bexiga optou por deixar o hospital.

Ele passou os seus últimos dias de vida ao lado da família, em sua casa, recebendo cuidados paliativos, vindo a morrer em 2001.

A lei foi criada dois anos antes de sua morte, a legislação criada visa garantir ao paciente o direito de "recusar tratamentos dolorosos ou extraordinários para tentar prolongar a vida".

O objetivo é a preservação da dignidade do doente e como consequência amenizar o sofrimento da família, sem a interrupção dos cuidados paliativos.

Arantes, Ana Claudia (2010) Médica Geriatra especialista em cuidados paliativos do Hospital Albert Einstein, relata o seguinte:

> Inevitável/O objetivo da ortotanásia é não prolongar o sofrimento. *"Se a doença está em progressão, em fase avançada e a medicina não tem como evitá-la, a morte é inevitável. Não há como forçar alguém a viver eternamente"*

Segundo ela, o paciente não é abandonado, ele vai continuar recebendo remédios para o controle da dor, de falta de ar, hidratação e os demais cuidados essenciais, estando no hospital ou em casa, se o quadro permitir. Entubação e manobras de ressuscitação não são mais usadas.

> "Ortotanásia significa permissão para a morte natural, para a pessoa falecer de forma digna"

Há uma diferença entre Ortotanásia e Eutanásia, portanto as duas não podem ser confundidas.

Ortotanásia, consiste em deixar de oferecer tratamentos invasivos, como por exemplo a entubação, para doenças que afeta o paciente terminal. Sua morte acontecerá devido a evolução natural da doença.

Agora a Eutanásia, trata-se de ministrar medicamentos ou executar procedimentos para indução de uma morte rápida e indolor ao paciente terminal, essa prática não é legalizada no Brasil, podendo ser enquadrada como homicídio.

Outro caso muito famoso é o do papa João Paulo II, ele também decidiu suspender todas as intervenções para sua sobrevida, decidindo passar seus últimos dias em casa, recebendo apenas medicações para controle da dor.

A Igreja Católica considera a adoção da ortotanásia ética.

2. TRATAMENTO E CONDUTAS ARBITÁRIOS

Doenças terminais trazem desgastes e sofrimentos que não se limitam apenas as questões físicas. No entanto, os pacientes que optam não passar por certos procedimentos que poderiam prolongar ainda mais a sua dor, recorrem aos cuidados paliativos.

Para corroborar com o tema estudado e dar embasamento jurídico, podemos citar a nossa lei máxima, que traz em seu artigo 5º, II o seguinte texto:

> "Todos são iguais perante a lei, sem distinção de qualquer natureza, garantindo-se aos brasileiros e aos estrangeiros residentes no país a inviolabilidade do direito à vida, à liberdade, à segurança, e à propriedade, nos seguintes termos (...)
> II – Ninguém será obrigado a fazer ou deixar de fazer alguma coisa senão em virtude de lei; (...)"

A Resolução do CFM Nº 2.232/2019, visa estabelecer normas éticas para a recusa terapêutica por pacientes e objeção de consciência na relação médico-paciente.

O artigo 1º traz a seguinte redação:

> "A recusa terapêutica é, nos termos da legislação vigente e na forma desta Resolução, um direito do paciente a ser respeitado pelo médico, desde que esse o informe dos riscos e das consequências previsíveis de sua decisão."

O artigo assegura a autonomia da vontade do paciente além da obrigação da equipe médica em esclarecer toda a conduta, ou seja, antes de tomar a decisão que compromete a execução ou não do tratamento clínico o paciente deve ter todas as dúvidas sanadas além de compreender os riscos da sua decisão em cessar o tratamento, restando apenas ao médico respeitar a última vontade de seu paciente.

O paragrafo único do Art. 2º dessa mesma Resolução esclarece que:

> "O médico, diante da recusa terapêutica do paciente, pode propor outro tratamento quando disponível"

E por fim em seu artigo 5º Da CFM, relata que:

> "A recusa terapêutica não deve ser aceita pelo médico quando caracterizar abuso de direito.
> § 1º Caracteriza abuso de direito:
> I - A recusa terapêutica que coloque em risco a saúde de terceiros.
> II – A recusa terapêutica ao tratamento de doença transmissível ou de qualquer outra condição semelhante que exponha a população a risco de contaminação".

A recusa do tratamento não é absoluta, devendo ser respeitado os termos do artigo citado acima bem como seu parágrafo e incisos.

É imperativo que o médico entenda que, salvo os casos de emergência, é justificável a ausência de consentimento expresso ou tácito do paciente ou familiares. Agora nos casos caracterizados como não emergência, a ausência do consentimento pode caracterizar que está prevalecendo apenas o interesse de ordem pessoal do profissional técnico.

Desta forma, para o tratamento compulsório é necessário não apenas a existência de perigo a vida, mas também que essa intervenção seja urgente, necessária e inadiável, numa iminência de morte, para justificar tal conduta.

3. TESTAMENTO VITAL

Em nosso ordenamento jurídico não há lei específica sobre o instituto do testamento vital, a sua validade tem sido defendida com base na dignidade da pessoa humana, com redação expressa no (artigo 1, III, CF), corroborando na liberdade e na autodeterminação dela decorrentes no (artigo 5, II, da CF), na privacidade (artigo 5°, X, da CF) e na impossibilidade de submissão do paciente a tratamento sem seu consentimento (artigo 15, do CC). O mais perto que estamos atualmente de uma regulamentação efetiva trata-se da Resolução n° 1995/2012, do Conselho Federal de Medicina, e do reconhecimento da juridicidade do documento por meio de enunciados interpretativos do Conselho da Justiça Federal (V Jornada de Direito Civil — enunciado 527) e Conselho Nacional de Justiça (I Jornada de Direito da Saúde — enunciado 37). Há, contudo, propostas em andamento no Congresso Nacional.

Citando ainda a referida Resolução n° 1995/2012 é importante destacar o artigo a seguir:

Art. 1°. Definir diretivas antecipadas de vontade como o conjunto de desejos, prévia e expressamente manifestados pelo paciente, sobre cuidados e tratamentos que quer, ou não, receber no momento em que estiver incapacitado de expressar, livre e autonomamente, sua vontade.

As tratativas de tratamento devem ser compartilhadas com o paciente e seus familiares para que seja feita a sua vontade de maneira inequívoca, sem prejuízos maiores a sua qualidade de vida.

O artigo 41 do Código de Ética Médica (Resolução 1.931/2009), traz a vedação expressa ao profissional médico abreviar a vida do paciente, mesmo a pedido do paciente ou de um de seus familiares.

Contudo, no parágrafo único ordena que, nos casos de doença incurável e terminal, deve o médico oferecer todos os cuidados paliativos disponíveis sem empreender ações diagnósticas ou terapêuticas inúteis ou obstinadas, levando sempre em consideração a vontade expressa do paciente ou, na sua impossibilidade, a de seu represente legal.

O presente texto pretende viabilizar a ortotanásia – que tem como significado a morte digna, sem que haja a intervenção médica, não podendo se confundir com a eutanásia e afastando a distanásia, que é o uso de terapias e tratamentos considerados inúteis à cura do paciente.

4. CONCLUSÃO

Diante de toda a exposição temática acerca do assunto cuidados paliativos e a recusa de tratamento, fica evidente a preocupação do legislador brasileiro em positivar o direito a recusa, dando segurança jurídica que o assunto necessita, para atender assim a vontade do paciente e resguardar o profissional médico para a não criminalização da conduta adotada. Deste modo, devendo ser cumprido e respeitado a última vontade do paciente, dentro de todos os parâmetros legais.

Mesmo a resolução do CFM nº 2232/19 não ter força de lei, ela traz uma segurança que visa proteger a relação médico-paciente.

Assim como assegura a Constituição Federal, direito a vida é um direito universal, ou seja, de todos, mas como podemos verificar ao longo deste trabalho que a vontade de vivê-la não pode ser simplesmente compulsória, obrigatória. Não cabe ao um Estado constituído como Democrático de Direito, impor a melhor forma que cada indivíduo deve viver a sua vida, sendo que em muitos casos, temos pessoas vivendo em situações de rua, sem tratamento médico, sem segurança, garantias essas constitucionais, mas não garante o acesso universal no qual ela é pautada. Todavia, o ponto aqui discutido é outro, a discussão é limitar a atuação do Estado no que cerne a imposição da sua vontade e anulando o poder na liberdade de decisão do indivíduo, uma vez que quando falamos em viver de forma digna, cada pessoa vai ter uma opinião do que acredita ser digno para ela.

O poder de decisão do indivíduo não poderá gerar prejuízo para terceiros.

Entretanto, vale a pena reforçar que o debate da recusa de tratamento não é por questões que se intitulam em pró-vida ou pró morte, o assunto aqui não foi tratado de maneira banal, o intuito é unicamente proteger a garantia da execução de um direito, no qual há princípios legais, estando desta forma ao alcance de qualquer cidadão brasileiro com as devidas tutelas constitucionais e acima de tudo, pela dignidade da pessoa humana sendo este o princípio máximo do estado democrático de direito.

REFERÊNCIAS

FRANÇA, Genival Veloso de. *Direito Médico* – 16ª Ed. Editora Forense Ltda, 2008.

BRASIL. *Código Civil*, lei 10.406 de 10 de janeiro de 2002.

BRASIL. *Constituição Federal 1988*. Constituição da República Federativa do Brasil: promulgada em 5 de outubro de 1988.

BRASIL. *Código Penal Brasileiro*, Decreto-Lei nº 2.848 de 7 de dezembro de 1940.

https://agenciabrasil.ebc.com.br/geral/noticia/2020-11/ibge-esperanca-de-vida-do-brasileiro-aumentou-311-anos-desde-1940

CUIDADOS PALIATIVOS COMO DIREITO HUMANO DO PACIENTE

LIA CRISTINA CAMPOS PIERSON[1]
NATÁLIA VERDI[2]
RENATA DA ROCHA[3]

[1] Mestre em Direito Político e Econômico pela Universidade Presbiteriana Mackenzie, Bacharel em Psicologia e Psicóloga pela Universidade São Marcos, Bacharel em Direito pela Universidade de São Paulo. Professora das Disciplinas Psicologia do Cotidiano e Biodireito da Faculdade de Direito da Universidade Presbiteriana Mackenzie, coordenadora do Grupo de Estudos Família e Felicidade: objeto e objetivo e professora pesquisadora do Grupo de Pesquisa CNPq CRIADIRMACK: direito à vez e à voz de crianças e adolescentes, na mesma universidade. Diretora de estudos interdisciplinares do IBDFAM -SP (Instituto Brasileiro de Direito de Família) biênio 2021-2023.

[2] Advogada; Mestre em Gerontologia Social pela PUC-SP; Presidente da Comissão de Direito do Idoso na OABSP-Subseção Penha de França no ano de 2022; Especialista em Direito da Medicina pelo Centro de Direito Biomédico da Faculdade de Direito da Universidade de Coimbra; Especialista em Direito Médico, Odontológico e Hospitalar pela Escola Paulista de Direito; Autora do Blog Direitos do Longeviver junto ao site Portal do Envelhecimento; Professora de Graduação, Professora Convidada de Cursos de Pós-Graduação e de Educação Continuada; Palestrante nas áreas do Direito e da Gerontologia; Autora.
E-mail: nvadvogada@gmail.com

[3] Pós- Doutoranda em Bioética de Direitos Humanos – UnB. Doutora e Mestre em Filosofia do Direito e do Estado pela Pontifícia Universidade Católica de São Paulo PUC/SP. Graduada em Direito e em Filosofia. Professora de Biodireito e Filosofia do Direito - Universidade Presbiteriana Mackenzie. Professora de Biodireito e Bioética na Pós-Graduação - Escola Paulista de Direito - EPD. Professora de Biodireito e Bioética na Pós-Graduação da USP-Ribeirão Preto - SP. Professora da Residência Multiprofissional do Hospital do Coração. HCOR -SP. Membro Consultivo do

... *"Dizem as escrituras sagradas: 'Para tudo há o seu tempo. Há tempo para nascer e tempo para morrer'. A morte e a vida não são contrárias. São irmãs. A reverência pela vida exige que sejamos sábios para permitir que a morte chegue quando a vida deseja ir."* ...

Rubem Alves

INTRODUÇÃO

Quando se lida com a morte há uma série de aspectos pragmáticos a serem levados em consideração. Todos que convivem e/ou tratam o paciente tais como familiares, cuidadores e pessoal médico devem ofertar uma vida apropriada às condições do paciente até que ocorra a morte clínica e biológica. Segundo a WHO/OMS mais de 40 milhões de pessoas em todo o mundo necessitam anualmente de cuidados paliativos e, em razão do envelhecimento da população, há também o incremento de ocorrência de doenças crônicas de prognóstico reservado, bem como afirma que apenas 14% dos que necessitarem de tais cuidados terão acesso a eles.

Os cuidados paliativos surgem, portanto, como alternativa para preencher uma lacuna nos cuidados ativos do paciente através do oferecimento de medidas concretas, específicas que tragam cuidados melhores que os até então oferecidos. Consubstanciam-se em uma forma de efetivação de um Direito Humano à vida digna desde o seu início até os últimos momentos. Tal importância pode ser corroborada pelo Objetivo de Desenvolvimento Sustentável nº 3 das Nações Unidas.

Neste sentido, o presente artigo pretende contribuir com reflexões e propostas que embasam teoricamente os cuidados paliativos abordando, desde seu marco conceitual, passando pela sua evolução histórica até alcançar o *status* atual deste direito humano do paciente.

Comitê de Bioética do Hospital do Coração - HCOR- SP. Pesquisadora do Observatório dos Direitos do Paciente – UnB e do IBDPAC - Instituto Brasileiro dos Direitos do Paciente. UnB.

1. CONCEITO DE CUIDADOS PALIATIVOS.

O conceito de cuidados paliativos tem sido importante na medida em que ele define quando devem ser aplicados, a quem e por quem. Ele sofreu grandes transformações a partir de 2017 quando a Comissão Lancet sobre Acesso Global a Cuidados Paliativos e Alívio da Dor publicou o relatório "Mitigando o Abismo de Acesso em Cuidados Paliativos e Alívio da Dor - Um Imperativo da Cobertura Universal de Saúde" com a Organização Mundial da Saúde e Associação Internacional de Hospice e Cuidados Paliativos (IAHPC). Conforme citado por Floriani[4] a expressão cuidados paliativos foi concebida por um cirurgião canadense, Balfour Mount, na década de 1970, anteriormente a terminologia usada era "cuidado hospice" em razão da palavra "hospice" ter em seu significado a acepção de cuidado, abrigo.

De acordo com a atual recomendação da OMS, publicada em 2017:

> Cuidado Paliativo é a abordagem que promove a qualidade de vida de pacientes e seus familiares, que enfrentam doenças que ameacem a continuidade da vida, por meio da prevenção e do alívio do sofrimento. Requer identificação precoce, avaliação e tratamento da dor, além de outros problemas de natureza física, psicológica, social e espiritual.[5]

A importância da ampla divulgação de informações sobre cuidados paliativos não apenas se encontra na busca pelo alcance do Objetivo do Desenvolvimento Sustentável 3 (ODS3) das Nações Unidas, que preconiza a inclusão dos cuidados paliativos nos sistemas de saúde dos países, mas também para que o pú-

---

[4] FLORIANI, Ciro Augusto Moderno movimento hospice: fundamentos, crenças e contradições na busca da boa morte. / Ciro Augusto Floriani. Rio de Janeiro: s.n., 2009. 192 f. Tese (Doutorado) - Escola Nacional de Saúde Pública Sergio Arouca, Rio de Janeiro, 2009. Disponível em: https://www.arca.fiocruz.br/bitstream/icict/2571/1/ENSP_Tese_Floriani_Ciro_Augusto.pdf [Acessado 30 Junho 2022]

[5] https://www.who.int/news-room/fact-sheets/detail/palliative-care Acesso em 20/06/2022.

blico em geral consiga compreender sua extensão e aplicação. Eles surgem como uma alternativa de abordagem do paciente que se encontra em etapa da doença que não tenha mais como ultrapassar com cuidados ativos o estado em que se encontra. São oferecidas medidas concretas que sirvam especificamente para a melhora do sofrimento do paciente.

A aplicação de cuidados paliativos ocorre quando diante da piora irreversível de uma doença crônica ou um evento agudo, quando então, se redefine os objetivos do tratamento optando-se pelos cuidados paliativos. Tais cuidados têm como foco o bem-estar do paciente em todos os seus aspectos: do sofrimento, da dor e outros problemas físicos, psicossociais e espirituais. Tudo para que haja uma morte digna e que os familiares se sintam respeitados também em seu modo de lidar com a morte.

2. HISTÓRICO DE CUIDADOS PALIATIVOS.

De acordo com Carvalho & Parsons[6] é possível que na antiguidade já houvesse referências de lugares onde as pessoas buscavam proteção, acolhimento e alívio para o sofrimento muito mais do que o objetivo de cura. Acrescentam que na Idade Média também havia tais abrigos que acolhiam pessoas doentes e moribundas, notadamente em razão de guerras, tiveram expressiva expansão.

Saunders[7] informa-nos também que muitos estabelecimentos dirigidos por religiosos davam abrigo a peregrinos em viagem para que descansassem da longa jornada. Foi a mes-

---

6 CARVALHO, R. T., & Parsons, H. A. (Org.). (2012). Manual de cuidados paliativos ANCP (2a ed. amp. atual.). São Paulo, SP: Academia Nacional de Cuidados Paliativos. http://biblioteca.cofen.gov.br/wp-content/uploads/2017/05/Manual-de-cuidados-paliativos-ANCP.pdf acessado em 30/06/2022

7 SAUNDERS, D. C. Introduction Sykes N., Edmonds P.,Wiles J. "Management of Ad vanced Disease" 2004, p. 3-8. *Apud* ALVES, Railda Sabino Fernandes et al. Cuidados Paliativos: Alternativa para o Cuidado Essencial no Fim da Vida. Psicologia: Ciência e Profissão [online]. 2019, v.

ma citada Cicely Saunders, em 1967, quem fundou o primeiro serviço de cuidados paliativos compreendendo o controle dos sintomas, alívio das dores físicas e psicológicas. Esse serviço é oferecido até os dias de hoje no St. Christopher's Hospice, em Londres, Inglaterra, sendo referência mundial em cuidados paliativos e medicina preventiva.

3. CUIDADOS PALIATIVOS NO MUNDO.

O Nível de Desenvolvimento Global dos Cuidado Paliativos segundo a publicação "Mapeando níveis de desenvolvimento de cuidados paliativos em 198 países: a situação em 2017"[8] traz informações de acordo com critérios que incluem dentre outros elementos a cobertura universal da saúde, o índice de desenvolvimento humano, nível de renda de acordo com o Banco Mundial, além de critérios concernentes, como por exemplo, à disponibilidade de medicação para dor e normas jurídicas nacionais e locais de implantação dos CP. Abaixo os diferentes países, separados de acordo com o nível de desenvolvimento quanto aos cuidados paliativos.

A efetiva disponibilização de cuidados paliativos no mundo abrange apenas 14% da população global, e encontra-se em sua maioria em países europeus e naqueles de índice de desenvolvimento humano mais alto. Estima-se que haverá um aumento de 87% nas demandas relacionadas à necessidade de CP nos próximos quarenta anos. Abaixo uma tabela adaptada da publicação citada acima e com que trabalhamos este tópico.

---

39 [Acessado 30 Junho 2022] , e185734. Disponível em: <https://doi.org/10.1590/1982-3703003185734>

[8] CLACK D, Baur N, Clelland D, Garralda E, López-Fidalgo J, Connor S, Centeno C, Mapping levels of palliative care development in 198 countries: the situation in 2017, Journal of Pain and Symptom Management (2019), doi: https://doi.org/10.1016/j.jpainsymman.2019.11.009. Acesso em 30/06/2022.

Atividade desconhecida - 47 países (24%); 235 milhões de pessoas (3,1 % da população mundial). **Categoria 1**	Atividade de capacitação - 13 países (7%); 126 milhões de pessoas (1,7 % da população mundial). **Categoria 2**	Fornecimento isolado - 65 países (33%); 3.597 milhões de pessoas (47,7% da população mundial). **Categoria 3a**	Fornecimento generalizado - 22 países (11%); 426 milhões de pessoas (5,7 % da população mundial). **Categoria 3b**	Estágio primário de integração - 21 países (11%); 2.083 milhões de pessoas (27,6 % da população mundial). **Categoria 4a**	Estado Avançado de integração - 30 países (15%); 1.074 milhões de pessoas (14,2 % da população mundial). **Categoria 4b**
África - Cabo Verde, República Centro Africana, Chad, Comarões, República do Congo, Guiné-Bissau*[9], Lesoto, Mali, Seychelles, Sudão do Sul.	**África** - Angola, Burkina Faso, Burundi, Guiné Equatorial, Eritreia, Gabão, Libéria, São Tome e Principe	**África** - Argélia, Benin, Botswana, Camarões, Congo (DR), Etiópia, Gana, Guiné, Madagascar, Mauritânia, Ilhas Mauricio, Moçambique, Namíbia, Niger, Nigeria, Ruanda, Senegal, Serra Leoa, Tanzânia, Togo.	**África** - Gâmbia, Quénia, Zâmbia	**África** Costa do Marfim, África do Sul, Uganda, Zimbabwe	**África** - Malawi, Suazilândia.
Américas - Antigua e Barbados, Cuba, Dominica*, Granada*, Guiana, Saint Lucia, São Cristóvão e Neves*, São Vicente e Granadinas*, Suriname*	**Américas** - Bahamas, Haiti	**Américas** - Bolívia, República Dominicana, Equador, Guatemala, Honduras, Jamaica, Nicarágua, Paraguai, Peru, Trinidad e Tobago, Venezuela.	**Américas** - Belize, Brasil, Colômbia, El Salvador, Panamá.	**América** Argentina, Chile, Mexico, Uruguai.	**América** - Barbados, Canadá, Costa Rica, Estados Unidos da América

9 Os países colocados na categoria 1, com um *, porque nenhum contato para pesquisa foi identificado.

Mediterrâneo Oriental - Djibuti, Iraque, Somália, Somalilândia, Síria*, Iêmen	Mediterrâneo Oriental - Emirados Árabes Unidos.	Mediterrâneo Oriental - Afeganistão, Bahrein, Egito, Irã, Kuwait, Líbano, Líbia, Marrocos, Paquistão, Palestina, Sudão, Tunísia.	//	
Europa - Andorra, Kosovo*, Mônaco, Montenegro, San Marino*, Turcomenistão, Cidade do Vaticano.	Europa - Uzbequistão.	Europa - Armênia, Azerbaijão, Bósnia e Herzegovina, Croácia, Estônia, Grécia, Quirguistão, Moldova, Tajiquistão, Turquia.	Europa - Albânia, Belarus, Bulgária, Chipre, Finlândia, Luxemburgo, Macedônia, Malta, Sérvia, Eslovênia.	Europa - Áustria, República Checa, Geórgia, Hungria, Cazaquistão, Letônia, Rússia, Eslováquia, Suíça, Ucrânia.	Europa - Bélgica, Dinamarca, França, Alemanha, Islândia, Irlanda, Israel, Itália, Liechtenstein, Lituânia, Mongólia, Holanda, Noruega, Polônia, Portugal, Romênia, Espanha, Suécia, Reino Unido.
Sudeste Asiático - Butão, Maldivas*, Coréia do Norte, Timor Leste.	//	Sudeste Asiático - Bangladesh, Índia, Indonésia, Mianmar, Nepal, Sri Lanka.	//	Sudeste Asiático - Tailândia.	
Pacífico Ocidental - Brunei, Kiribati, Laos, Ilhas Marshall, Micronésia*, Nauru*, Palau*, Ilhas Salomão*, Tonga, Tuvalu*, Vanuatu*.	Pacífico Ocidental - Samoa	Pacífico Ocidental - Camboja, Fiji, Malásia, Papua Nova Guiné, Filipinas, Vietnã.	//	Pacífico Ocidental - China, Singapura.	Pacífico Ocidental - Austrália, Japão, Nova Zelândia, Coreia do Sul, Taiwan.

4. OS DIREITOS HUMANOS DO PACIENTE COMO FAROL.

De início cumpre registrar que o referencial teórico que norteia a perspectiva dos Direitos Humanos do Paciente encontra guarida na pesquisa de Albuquerque[10], Cohen & Ezer[11] e Paranhos.[12] Esses doutrinadores, com os quais nos juntamos, afirmam que os Direitos Humanos dos Pacientes constituem um novo ramo do direito ainda desconhecido pela grande maioria da doutrina jurídica pátria e carente de legislação e sistematização de normas no Brasil. Informam, toda-

---

[10] "Não se pode confundir 'direitos dos pacientes' com direitos humanos dos pacientes, ainda que existam normativas que se entrelacem (Albuquerque, 2016). Os DHP integram o direito internacional dos direitos humanos, enquanto os direitos dos pacientes geralmente constam do direito médico, do direito de personalidade ou do direito do consumidor (Albuquerque, 2016). Assim, enquanto os DHP encaram o paciente de uma forma holística, preocupada com a sua não discriminação e inclusão social, os direitos dos pacientes os veem como sujeitos de uma relação de contrato de prestação de serviços de saúde, assemelhando-os ao consumidor. Os DHP estão previstos em tratados internacionais de natureza vinculante, enquanto os direitos dos pacientes constam de cartas de pacientes ou declarações nacionais sem força jurídica. Em caso de descumprimento dos DHP, a vítima pode se socorrer dos sistemas internacionais de proteção dos direitos humanos (ONU ou sistemas regionais), enquanto os direitos dos pacientes não possuem amparo no plano internacional (Albuquerque, 2016). Ainda, os DHP não cuidam apenas dos pacientes, mas também dos profissionais de saúde, pois a violação dos direitos destes impactam na qualidade da relação com os pacientes e nos ambientes de cuidado (Cohen; Ezer, 2013)."
ALBUQUERQUE, Aline; GARRAFA, Volnei; PARANHOS, Denise G. A. M. *Saúde e Sociedade*, São Paulo, Volume: 26, Número: 4, Publicado: 2017, p. 932-942. Vulnerabilidade do paciente idoso à luz do princípio do cuidado centrado no paciente. Disponível em https://www.scielo.br/j/sausoc/a/znXjdWfwfmpY7RSr5hzYYTK/?lang=pt Acesso em 01.06.2022.

[11] COHEN, Jonathan; EZER, Tamar. Human rights in patient care: A theoretical and practical framework. December 2013. *Health and Human Rights* 15(2): E7-E19.

[12] PARANHOS, Denise. *Direitos Humanos dos Pacientes Idosos*. Rio de Janeiro: Lúmen Juris, 2018.

via, que os Direitos Humanos dos Pacientes já se encontram em estágio avançado de estruturação normativa em outros países e que buscam, precisamente, reconhecer, identificar, elencar e garantir direitos que os pacientes têm quando estão sob cuidados de saúde.

A universalidade é atributo essencial e por meio da qual se reconhece direitos aos seres humanos pelo simples fato de pertencerem à espécie humana, esta universalidade também está presente nos Direitos Humanos dos Pacientes, porque a palavra *paciente*, em sua etimologia, vem do latim *pati* e do grego *pathé* e quer dizer sofrimento ou padecimento e indica a condição própria do ser humano, de fragilidade inerente.[13] Por esta razão os Direitos Humanos do Paciente são universais e necessitam ser analisados à luz de seu duplo aspecto, quais sejam, o da vulnerabilidade, intrínseco à condição humana e, o da centralidade do paciente no processo terapêutico, que entende que a condição de paciente não implica necessariamente passividade, ao contrário, apesar de sua condição de fragilidade, o paciente pode ser protagonista de sua história terapêutica.[14]

Por este viés, os Direitos Humanos dos Pacientes compreendem, em um primeiro momento, o direito à vida; direito à privacidade; direito de não ser discriminado; direito à liberdade; direito à saúde; direito à informação e o direito de não ser submetido a tratamento desumano e degradante.[15] Em seguida, é possível deduzir deste rol outros direitos espe-

---

[13] ALBUQUERQUE, Aline. *Quem tem medo da palavra "PACIENTE"?* Disponível em https://ibdpac.com.br/quem-tem-medo-da-palavra-paciente/ Acesso em: 03.06.22.

[14] ALBUQUERQUE, Aline; GARRAFA, Volnei; PARANHOS, Denise G. A. M. *Saúde e Sociedade*, São Paulo, Volume: 26, Número: 4, Publicado: 2017, p. 932-942. Vulnerabilidade do paciente idoso à luz do princípio do cuidado centrado no paciente. Disponível em https://www.scielo.br/j/sausoc/a/znXjdWfwfmpY7RSr5hzYYTK/?lang=pt Acesso em 01.06.2022.

[15] ALBUQUERQUE, Aline. *Direitos Humanos dos Pacientes*. Curitiba: Juruá, 2016.

cíficos a serem assegurados às pessoas que estão sob cuidados de saúde, tais como: direito ao consentimento informado; direito à segunda opinião; direito de recursar tratamentos e procedimentos médicos; direito à informação sobre sua condição de saúde; direito de acesso ao prontuário; direito à confidencialidade da informação pessoal; direito ao cuidado em saúde com qualidade e segurança; direito de participar da tomada de decisão e direito ao cuidado paliativo a fim de diminuir a dor e o sofrimento.[16]

A conscientização da cultura dos direitos humanos do paciente e a sua instituição ainda necessita evoluir e se estruturar. No que concerne aos cuidados paliativos, a desconsideração no enfrentamento do tema pode ser comprovada não apenas do ponto de vista jurídico, com a ausência de legislação que o assegure e regulamente, como também pode ser percebida do vista da saúde, quando se verifica o quão recente é a portaria que reconhece os cuidados paliativos como residência médica. A Resolução CNRM Nº 10, publicada no Diário Oficial da União, de 29 de abril de 2022, aprovou a matriz de competências de Programas de Residência Médica para a Área de Atuação em Medicina Paliativa no Brasil[17]. O desafio de garantir os cuidados paliativos como direitos hu-

---

[16] EUROPEAN COMMISSION. Patients' Rights in the European Union Mapping Exercise. Luxembourg: Publications Office of the European Union, 2016 apud ALBUQUERQUE, Aline et. al. Violação aos Direitos dos Pacientes: Análise da Jurisprudência no Brasil. *Revista Direitos Fundamentais e Alteridade*. Disponível em https://www.researchgate.net/profile/Aline-Albuquerque-3/publication/336146225_VIOLACAO_AOS_DIREITOS_DOS_PACIENTES_ANALISE_DA_JURISPRUDENCIA_NO_BRASIL_PATIENT'S_RIGHTS_VIOLATIONS_ANALYSIS_OF_THE_BRAZILIAN_JURISPRUDENCE/links/5d9275f0299bf10cff1cc51c/VIOLACAO-AOS-DIREITOS-DOS-PACIENTES-ANALISE-DA-JURISPRUDENCIA-NO-BRASIL-PATIENTS-RIGHTS-VIOLATIONS-ANALYSIS-OF-THE-BRAZILIAN-JURISPRUDENCE.pdf Acesso em: 03.06.22.

[17] BRASIL. Resolução CNRM Nº 10. Diário Oficial da União. 29 de abril de 2022. Disponível em https://abmes.org.br/arquivos/legislacoes/Resolucao-CNRM-010-2022-04-29.pdf Acesso em: 10.06.22.

manos do paciente é monumental porque implica não apenas no reconhecimento de outros direitos, como também no respeito a princípios e fundamentos dos direitos humanos dos pacientes constantemente violados, quais sejam, o cuidado centrado no paciente e a recusa de tratamento.

5. CUIDADOS PALIATIVOS, CUIDADO CENTRADO NO PACIENTE E RECUSA DE TRATAMENTO.

Jean-Claude Bernardet refletindo sobre o fenômeno contemporâneo da excessiva medicalização da vida registra que "Viver o maior tempo possível virou um dogma"[18]. O autor em tom provocador adverte que atualmente "Quem está doente se trata, não tem conversa"[19]. Atribui este comportamento à relação que se estabeleceu nas últimas décadas entre longevidade e capitalismo e refere:

> A longevidade é uma necessidade industrial. Laboratórios farmacêuticos, fabricantes de máquinas de ponta para diagnósticos por imagem e outras finalidades, hospitais precisam de nossa 'bio' [...] para lucrar sendo que a manutenção da bio, independe da qualidade de vida.[20]

Este fenômeno também é apontado por Marco Bobbio que assinala que aos poucos a medicina foi se transformando e, que, desde a segunda metade do século XX até os dias atuais, seu foco se modificou completamente.

Antes, a medicina se ocupava do paciente, agora, ocupa-se da doença. A superação da medicina como "arte" e a sua incursão na "era ciência" engendrou a medicina baseada em evidência científica e fez com que se disseminasse "[...] o medo das doenças, a convicção de poder evitá-las e demonizou-se a morte como evento contrário e indiferente à nature-

---

[18] BERNARDET, Jean-Claude. *O corpo crítico: e outros textos*. São Paulo: Companhia das Letras, 20021, p.8.

[19] Ibid., p.8.

[20] Ibid., p.9.

za humana"[21]. O autor registra que este é o cenário no qual emerge a expectativa por uma medicina onipotente que acaba por gerar frustração quando não se mostra capaz de entregar aquilo que prometeu. Diante desta medicina que pensa ser capaz de prolongar a vida além de qualquer limite e que se esquece, contudo, da qualidade de vida, é preciso lembrar que o paciente deve ter a sua autodeterminação respeitada mesmo quando acometido por uma patologia.

O cuidado deve ser centrado no paciente e não na doença, eis, pois, o fundamento dos Direitos Humanos do Paciente[22]. A vulnerabilidade acrescida do paciente, em razão da sua condição de saúde, não autoriza a imediata desconsideração de sua autonomia, de sua autodeterminação, de sua capacidade, de sua vontade. Em perfeita sintonia com este entendimento Marco Bobbio lembra que

> [...] há mais de uma centena de anos, Sir. William Olser (1849-1919), considerado um dos pais da medicina moderna, sustentava que 'é mais importante conhecer o paciente acometido por uma doença, que a doença que acometeu o paciente'.[23]

Esta máxima deve se fazer presente a todo tempo quando se trata do contexto dos cuidados em saúde. Ela demonstra a necessidade premente de se respeitar o direito do paciente

---

[21] Bobbio, Marco. *O doente imaginado: os riscos de uma medicina sem limites*. São Paulo: Bamboo Editorial, 2014, p. 19.

[22] "[...]o princípio do cuidado centrado no paciente visa estabelecer relações intersubjetivas no âmbito dos cuidados em saúde, as quais constituem o alicerce do paciente em seu processo terapêutico. Ainda, tal princípio reforça uma perspectiva que estava ausente na equação dos cuidados em saúde: a visão do paciente e de sua família no processo de adoecimento e tratamento". ALBUQUERQUE, Aline; GARRAFA, Volnei; PARANHOS, Denise G. A. M. *Saúde e Sociedade*, São Paulo, Volume: 26, Número: 4, Publicado: 2017, p. 932-942. Vulnerabilidade do paciente idoso à luz do princípio do cuidado centrado no paciente. Disponível em https://www.scielo.br/j/sausoc/a/znXjdWfwfmpY7RSr5hzYYTK/?lang=pt Acesso em 23.05.2022.

[23] Ibid., p. 26.

em decidir ativamente sobre o rumo de seu tratamento, o direito de ser ouvido a fim de que possa exercer, inclusive, seu direito à recusa no prosseguimento de determinada terapia. Esta recusa, com efeito, não resulta necessariamente na renúncia do paciente em receber cuidados que possam diminuir, tanto quanto possível, suas dores e seu sofrimento, cuidados que permitam, tanto quanto possível, alcançar um estado de qualidade de sua vida frente à enfermidade, esteja ou não a enfermidade em fase terminal.

É urgente que as equipes de saúde sejam capazes de distinguir o paciente da doença, a fim de perceberem que o estágio da doença pode ser extremamente crítico, pode inclusive ser classificado como *terminal*, mas esta qualificação não deve jamais alcançar o paciente que, exatamente neste contexto, carece de conforto não apenas físico, como também psicológico e espiritual, não apenas para si, como também para os seus familiares, carece, em suma, poder exercitar o seu direito humano e subjetivo ao cuidado paliativo.

Assim, Marcos Bobbio ensina que mesmo sendo atribuída ao doente a abominável designação de paciente terminal "[...] ele não deve ser abandonado somente porque não estão disponíveis tratamentos eficientes. Os médicos não devem deixar de assisti-lo; devem empenhar-se em dar a ele uma vida digna, recorrendo a todos os meios capazes de reduzir seu sofrimento e evitando tratamentos inúteis"[24]. Não se alcança esses *status* no contexto dos cuidados em saúde sem uma boa dose de empatia. Luigi Pagliaro, professor emérito de medicina interna em Palermo, adverte que a medicina tem dois componentes, a saber:

> [...] o primeiro é a eficácia, que tem o objetivo de melhorar o curso da doença, obtendo a cura, interrompendo a sua progressão ou aliviando seus danos funcionais. O segundo é a função de suporte moral a uma pessoa que tem uma doença de prognóstico grave e incerto e sofre as consequências emocionais. A eficácia está baseada em provas demonstradas pela pesquisa clí-

---

[24] Ibid., p. 27.

nica e nas competências dos médicos para adaptar as evidências às características específicas dos próprios doentes. A função de suporte moral requer do médico a capacidade de considerar o paciente como uma pessoa com quem estabelece uma relação de comunicação bidirecional e proximidade psicológica, geralmente definida por empatia.[25]

Há que se ressalvar que o suporte moral mencionado, mediado pela empatia, deve estar presente na conduta da equipe de saúde como um todo, deve compreender tanto o médico, quanto os enfermeiros, assistentes sociais, psicólogos, nutricionistas, fonoaudiólogos, auxiliares de enfermagem, fisioterapeutas, entre outros colaboradores que compõem a equipe clínica multiprofissional. É imperiosa a necessidade de formar profissionais de saúde com disposição para cuidar do paciente com atenção e empatia, sobretudo no âmbito dos cuidados paliativos, não apenas por razões morais, não apenas porque as relações empáticas são fundamentais na construção de uma sociedade civilizada, solidária, mas, sobretudo, porque se trata de um direito humano do paciente, direito de ser tratado de forma respeitosa, cuidadosa, afetuosa, humana.

6. CUIDADOS PALIATIVOS E EMPATIA CLÍNICA

A empatia como valor basilar no processo de comunicação interpessoal, que compreende não apenas as relações profissionais, como também as relações familiares e a esfera íntima dos indivíduos, tem sido enaltecida como uma das habilidades mais importantes em diversos setores da sociedade no século XXI. Nota-se assim um paradoxo segundo o qual, na era da inteligência artificial, e possivelmente em função dela,

---

[25] PAGLIARO, Luigi. ARGO, A. La medicina: due componenti, molte variante. In: REMUZZI, G.; CIPOLLA, C. *Dire, fare, curare: parole tra medici e malati*. Roma: Franco Angeli, 2008, p. 29 apud Bobbio, Marco. *O doente imaginado: os riscos de uma medicina sem limites*. São Paulo: Bamboo Editorial, 2014, p. 20-21.

a empatia esteja ganhando destaque como virtude essencial do convívio humano.

Na relação que se estabelece no âmbito dos cuidados de saúde, entre pacientes e a equipe clínica, a empatia se torna particularmente fundamental em virtude da vulnerabilidade acrescida[26] própria do paciente. Daniel Kahneman adverte que "A tendência é que, no futuro, a profissão médica fique cada vez mais dependente de algoritmos: eles prometem reduzir tanto o viés como o ruído, poupando vidas e dinheiro no processo"[27]. Não prometem, contudo, reduzir a distância fatal que muitas vezes se instala entre equipe e paciente pelos mais diferentes fatores, dentre os quais destacam-se: o atendimento rápido e superficial em virtude dos baixos valores repassados pelo planos de saúde aos médicos; as filas para agendamento de consultas e tratamentos no Sistema Único de Saúde; a assimetria de poder, característica de uma mentalidade ultrapassada, fruto de uma medicina paternalista, que persiste e na qual, em geral o médico, assume a postura de detentor do conhecimento e por isso se desobriga de compartilhar suas escolhas e decisões com aqueles que serão diretamente impactados por elas, os pacientes. Estas situações concorrem para a adoção de um comportamento empático porque, quando instituído no trato com os pacientes, permite superar as adversidades e mediar com qualidade, atenção e humanidade, as relações que se estabelecem no contexto dos cuidados em saúde.

---

[26] "Em determinados estágios, os cuidados de terceiros se tornam indispensáveis, como na infância, na doença ou no final da vida. Assim, na esfera dos cuidados em saúde, a vulnerabilidade está atrelada à dependência e ao cuidado". ALBUQUERQUE, Aline; GARRAFA, Volnei; PARANHOS, Denise G. A. M. *Saúde e Sociedade*, São Paulo, Volume: 26, Número: 4, Publicado: 2017, p. 932-942. Vulnerabilidade do paciente idoso à luz do princípio do cuidado centrado no paciente. Disponível em https://www.scielo.br/j/sausoc/a/znXjdWfwfmpY7RSr5hzYYTK/?lang=pt Acesso em 23.05.2022.

[27] KAHNEMAN, Daniel; SINOBY, Oliver; SUNSTEIN, Cass R. *Ruído: uma falha no julgamento humano*. Rio de Janeiro: Objetiva. 2021, p. 271.

A empatia, de acordo com a lição de Daniel Goleman, está relacionada com a atenção, neste sentido o autor assinala: "A palavra 'atenção' vem do latim *atendere*, que significa "alcançar". Essa é uma definição perfeita do enfoque nos outros, que é a base da empatia"[28]. Marco Bobbio por sua vez lembra que:

> Com o crescimento do componente científico, a medicina perdeu o componente humano. Fala-se aos pacientes com números e não mais com o coração.[29]

Os cuidados paliativos são, neste sentido, sem dúvida, a área em que mais se deve investir na formação de profissionais com a habilidade de estabelecer uma relação empática. Esta formação já vem sendo incluída nos currículos de algumas universidades que identificaram que a formação fragmentada, sobretudo dos médicos, concorre para a perda gradual da empatia. Marco Antonio e Carvalho Filho adverte:

> Especialistas de grande parte das escolas de medicina do mundo, quando analisam a empatia - que é a capacidade de compreender o sentimento ou reação da outra pessoa imaginando-se nas mesmas circunstâncias – concluem que ela cai progressivamente durante o curso.[30]

Feita esta constatação tem-se buscado investir em uma formação capaz de preparar os alunos para exercerem a profissão não apenas com excelência técnica, mas também com competências emocionais igualmente essenciais para a boa evolução dos procedimentos clínicos, visando uma perspectiva humanista, conforme destaca:

> Os resultados demonstraram que a empatia aumentou consideravelmente em praticamente todos os alunos que passaram

---

[28] Disponível em https://s3.amazonaws.com/educa/pucrs/Aula/1260/Daniel+Goleman+-+O+que+%C3%A9+empatia+(1).pdf Acesso em: 09.06.22.

[29] BOBBIO, Marco. Op., cit. p. 18.

[30] Disponível em https://www.unicamp.br/unicamp/sites/default/files/jornal/paginas/ju_616_paginacor_06e07_web.pdf Acesso em: 05.06.22.

pelas atividades de intervenções. "A relação médico-paciente é o fundamento da prática da medicina. Entre os fatores que permitem o sucesso dessa parceria, a empatia se destaca como um dos mais importantes. Existem evidências científicas que associam a atitude empática do médico com a satisfação do paciente, melhor adesão ao tratamento e melhores desfechos clínicos", fundamenta o pesquisador.[31]

Aline Albuquerque em sentido similar ensina que a empatia nos cuidados em saúde também chamada de empatia clínica

> [...] tem sido reconhecida como uma intervenção efetiva no encontro clínico e um fator que incrementa a satisfação do profissional de saúde e do paciente, bem como a acurácia do diagnóstico [...][32], é um elemento crucial para o desenvolvimento da relação terapêutica.

A autora destaca a existência de três níveis de empatia, mas assinala que no contexto da saúde a empatia cognitiva deve prevalecer e aponta "[...] na esfera dos cuidados em saúde, a empatia é entendida predominantemente como cognitiva, ou seja, abarca o entendimento da experiência e das preocupações do paciente, bem como da sua perspectiva, combinada com a aptidão para ajudar [...]"[33]. Não se vislumbra contexto mais adequado que o dos cuidados paliativos para que essa perspectiva seja adotada.

Importante destacar que de modo equivocado, os cuidados paliativos são entendidos como a fase do tratamento em que "não há mais nada a fazer". No entanto, a Organização Mundial da Saúde refere que o

---

[31] Disponível em https://www.unicamp.br/unicamp/sites/default/files/jornal/paginas/ju_616_paginacor_06e07_web.pdf Acesso em: 05.06.22.

[32] ALBUQUERQUE, Aline. Empatia nos Cuidados em Saúde. *Temas atuais em direito do paciente*. Volume I. Organizador Instituto Brasileiro de Direito do Paciente - IBDPAC. – Ponta Grossa - PR: Atena, 2020. Disponível em https://ibdpac.com.br/e-book-temas-atuais-em-direito-do-paciente Acesso em: 09.06.22.

[33] Ibid. Disponível em https://ibdpac.com.br/e-book-temas-atuais-em-direito-do-paciente Acesso em: 09.06.22.

> Cuidado paliativo é uma abordagem que promove a qualidade de vida de pacientes e seus familiares, que enfrentam doenças que ameacem a continuidade da vida, através da prevenção e alívio do sofrimento. [...] requer tratamento da dor e outros problemas de natureza física, psicossocial e espiritual.[34]

Há, portanto, muito a oferecer aos pacientes e a empatia cognitiva é o caminho para desmistificar os cuidados paliativos. Os cuidados paliativos como direito humano do paciente precisam ser assegurados a todas as pessoas que padecem de uma enfermidade em fase terminal justamente para garantir a qualidade da vida. Diminuir a dor, atenuar o sofrimento, proporcionar bem-estar aos pacientes é retomar o compromisso da medicina com a sua genuína função que é cuidar, não só a medicina, mas, por extensão, todas as demais áreas que se dedicam à saúde. Em consonância com esta perspectiva Marco Bobbio aponta:

> [...] a potência pode fazer mal quando se transforma em onipotência, quando não se impõem limites ou quando se adota uma estratégia terapêutica indiferenciada, em contraposição aos valores da pessoa que deve ser assistida. Fala-se de medicina "sustentável", imitando-se o termo dos movimentos ambientalistas, para indicar um sistema de pesquisa e de cura que seja economicamente viável e igualmente distribuído. Mas acho que o termo deve também ser utilizado para o indivíduo: uma medicina que ofereça um caminho diagnóstico e terapêutico totalmente sustentável por parte de cada pessoa, levando-se em conta suas preferências e seus valores.[35]

Diante de uma medicina que assume ares onipotentes, a morte muitas vezes é encarada como derrota. Exultante ilusão. É importante lembrar o óbvio, ela é inerente à condição humana e o avanço da biotecnologia tem levado a crer que não. Empatia clínica e cuidados paliativos são duas faces da

---

[34] Disponível em https://www.saude.df.gov.br/cuidados-paliativos-2#:~:text=Segundo%20a%20defini%C3%A7%-C3%A3o%20da%20Organiza%C3%A7%C3%A3o,doen%C3%A7as%20que%20amea%C3%A7am%20a%20vida. Acesso em: 09.06.22.

[35] Ibid., p. 28.

mesma moeda e quando observadas consubstanciam o devido respeito aos direitos humanos dos pacientes que, não obstante, continuam a ser violados em razão da ausência de normas no Brasil.[36]

7. A AUSÊNCIA DE LEGISLAÇÃO PÁTRIA. AS RESOLUÇÕES DO CFM E OS CUIDADOS PALIATIVOS À LUZ DA CF.

Quando falamos de vida e de saúde, relembramos que aos profissionais da área quando do exercício de tentar salvar vidas e de buscar amenizar dores de pacientes, há o pensamento de que essas são práticas permeadas por atitudes de "Curar às vezes, tratar muitas vezes, confortar sempre" (Hipócrates - 460-357 a.C).nEste pensamento nos mostra ensinamentos existentes há mais de 2.000 anos, daquele que é considerado o "pai da medicina"[37]. De seus dizeres, nos salta aos olhos, em especial, o de ser sempre necessário o oferecimento de conforto.

A sempre necessária oferta de conforto se torna ainda mais primordial em situações nas quais a finitude humana se faz iminente, em decorrência de uma doença aguda ou crônica e/ou de uma condição de saúde que apresente alto risco de

---

[36] A título de exemplo segue notícia sobre Promulgação da Lei chilena que considera os cuidados paliativos como direito de bem morrer. "30 de noviembre de 2021 (OPS/OMS). El Ministro de Salud, Dr. Enrique Paris; junto a la Subsecretaria de Salud Pública, Dra. Paula Daza, y el Representante en Chile de OPS/OMS, Dr. Fernando Leanes, encabezó la ceremonia de Reconocimiento y Protección de los Derechos de las Personas con Enfermedades Terminales y el Buen Morir, Ley 21.375, que fue promulgada por el Presidente de la República de Chile, Sebastián Piñera" Disponível em https://www.paho.org/es/noticias/2-12-2021-chile-nueva-ley-consagra-como-derecho-universal-acceso-cuidados-paliativos Acesso em 21.07.22.

[37] Hipócrates. Disponível em: https://pt.wikipedia.org/wiki/Hip%C3%B3crates. Acesso em 01 de jun. 2022.

mortalidade, cenário em que a prática de cuidados paliativos se faz necessária àqueles que deles necessitam. Tem-se que os cuidados paliativos são práticas voltadas ao oferecimento de conforto aos que deles necessitam, entendendo-os como: "cuidados holísticos ativos de indivíduos de todas as idades com graves sofrimentos relacionados à saúde devido a doenças graves, e especialmente daqueles próximos ao fim da vida"[38].

Ocorre que ofertar cuidados paliativos a quem deles necessita, levando conforto para pacientes com uma doença aguda ou crônica e/ou em uma condição de saúde que apresente alto risco de mortalidade, na prática, nem sempre é tarefa fácil, mesmo que os ensinamentos sobre sua prática existam há mais de dois milênios, em especial quando os profissionais de saúde que os praticam são sabedores de que no país onde exercem as suas atividades laborais não há uma legislação federal específica que regulamente sobre o tema.

A falta de legislativa federal específica causa para muitos profissionais da saúde que trabalham com cuidados paliativos uma considerável insegurança jurídica, os levando a muitos questionamentos inclusive sobre a adoção das condutas que levem à amenização da dor e do sofrimento dos pacientes sob seus cuidados, em especial porque a finitude desses pacientes é situação futura e certa, a concretizar-se, muitas vezes em dias/horas/semanas.

Esse cenário de uma finitude real e iminente, a concretizar-se em um tempo cronológico tão escasso, para muitos profissionais faz emergir o pensamento de uma expressiva e também real possibilidade de judicialização, a ser promovida pelos que são próximos dos pacientes que falecem. Isso porque não é incomum o pensamento de que os óbitos podem vir

---

[38] Definição de Cuidados Paliativos. Disponível em: IAHPC - Associação Internacional de Hospice e Cuidados Paliativos. https://hospicecare.com/what-we-do/projects/consensus-based-definition-of-palliative-care/definition/. Acesso em 01 de jun. 2022.

a ser questionados judicialmente por serem as condutas profissionais que os precederam atreladas à causa da morte, vez que as condutas são consideradas, muitas vezes, como inoportunas e insatisfatórias (dentre outros) pelos que eram próximos ao paciente que falece.

Essa realidade decorre de uma incontável gama de fatores, como por exemplo, por ser a finitude ainda um grande tabu, em especial nos países Ocidentais; por ser a busca por medidas que prolonguem a vida biológica, mesmo que sem qualquer qualidade, uma alternativa que aparenta ser mais segura; por serem significativamente desconhecidas por muitos as práticas em cuidados paliativos que são pautadas em regramentos éticos e fundamentadas em normativos vigentes, ainda que sem uma legislação federal específica que as regulamente, dentre outros.

Partimos da afirmativa de que o conhecimento técnico a nortear a adoção de cada conduta paliativa disponível, a ser praticada a favor do paciente que deles necessite, é, inegavelmente, dos profissionais que as elegem. Todavia, para que esses profissionais possam agir pautados nos ensinamentos Hipocráticos, em um cenário no qual não há uma legislação federal específica própria regulamentadora da prática de cuidados paliativos, torna-se necessário que eles estejam minimente respaldados juridicamente.

Por essa razão, os aspectos jurídicos dos cuidados paliativos precisam ser mais difundidos e, igualmente, cada vez mais conhecidos por todos os profissionais da saúde que trabalham na área, já que é fundamental se conhecer a respeito da legalidade legislativa de seus atos. Há de se saber que a ausência de legislação federal pátria específica sobre cuidados paliativos não afasta as garantias constitucionais vigentes sobre o tema, nem tampouco a aplicabilidade das Resoluções do Conselho Federal de Medicina que asseguram a ética nas condutas adotadas a esse respeito.

Ofertar cuidados paliativos implica em ofertar dignidade àquele que sofre, em decorrência de uma doença aguda ou crônica e/ou de uma condição de saúde que apresente alto risco de mortalidade. Por isso, inicialmente há de se saber que a Constituição Federal de 1988, legislação base de todas as normas vigentes no país, com a qual nenhum normativo jurídico pode confrontar ou dispor de maneira contrária, assegura a dignidade da pessoa humana como fundamento da República Federativa do Brasil.

Assim, "tem-se formado, portanto, uma tríade, no qual vida, saúde e dignidade estão inter-relacionadas e se complementam, não sendo possível ao ser humano realizar uma vida plena se por algum momento lhe faltar saúde ou dignidade"[39]. Dessa forma, ofertar dignidade, minimizando a dor e oferecendo conforto a um paciente que necessite de cuidados paliativos é conduta constitucionalmente assegurada, hábil a concretizar o princípio matriz de todos os direitos humanos vigentes.

A saúde, enquanto um direito social de todos e um dever legal do Estado[40], tem sua garantia de oferta pelo SUS[41] desde que esse foi criado. Porém, é notório que ofertar cuidados paliativos, como parte integrante da saúde, dentro desse contexto, é algo bem complexo. Não fossem as emblemáticas questões econômicas envolvidas, as diretrizes para a organização dos cuidados paliativos, à luz dos cuidados continuados integrados, no âmbito Sistema Único de Saúde (SUS), foi implementada apenas no ano de 2018, por intermédio de uma Portaria do Ministério da Saúde, restando em aberto

---

[39] ROBLES-LESSA, Moyana Mariano; DADALTO, Luciana. O Direito à vida e à judicialização da saúde. Civilistica.com. Rio de Janeiro, a. 10, n. 1, p. 2, 2021. Disponível em: https://civilistica.emnuvens.com.br/redc/article/view/522/530. Acesso em 02 jun. 2022.

[40] BRASIL. Constituição Federal, de 05 de outubro de 1988. Artigo

[41] BRASIL. Lei Federal n.º 8.080/90. Lei de Criação do Sistema Único de Saúde.

uma regulamentação legislativa própria, que dê ao normativo caráter de obrigatoriedade, por exemplo.

Dessa forma, mesmo sem uma legislação federal específica a regulamentar sobre o tema, a prestação de cuidados paliativos como medida a concretizar o princípio constitucional da dignidade da pessoa humana, encontra ainda fundamentação ética também no que dispõe o Conselho Federal de Medicina a seu respeito. Desde o ano de 2011[42], o Conselho Federal de Medicina regulamenta o cuidado paliativo não como uma especialização, mas como uma área de atuação em 06 especialidades médicas, a saber: Pediatria, Medicina de Família e Comunidade, Clínica Médica, Anestesiologia, Oncologia e Geriatria.

À atuação médica em cuidados paliativos, o Código de Ética Médica[43] disciplina que é vedado ao médico abandonar paciente sob seus cuidados[44] que deles necessitem, já que, salvo por motivo justo, comunicado ao paciente ou aos seus familiares, o profissional não abandonará o paciente nestas condições, por ser este portador de moléstia crônica ou incurável[45].

Sendo vedado ao médico abandonar paciente que sofre, em decorrência de uma doença aguda ou crônica e/ou de uma condição de saúde que apresente alto risco de mortalidade, o Conselho Federal de Medicina disciplina, dentre os princípios fundamentais da profissão que "nas situações clínicas irreversíveis e terminais, o médico evitará a realização de procedimentos diagnósticos e terapêuticos desnecessários e

---

[42] BRASIL. Resolução CFM n.º 1.973, de 14 de julho de 2011.

[43] BRASIL. Código de Ética Médica. Resolução CFM nº 2.217, de 27 de setembro de 2018.

[44] BRASIL. Código de Ética Médica. Resolução CFM nº 2.217, de 27 de setembro de 2018. Capítulo IV Direitos Humanos. Artigo 36.

[45] BRASIL. Código de Ética Médica. Resolução CFM nº 2.217, de 27 de setembro de 2018. Capítulo IV Direitos Humanos. Artigo 36, §2º.

propiciará aos pacientes sob sua atenção todos os cuidados paliativos apropriados"[46].

Dispondo ainda de maneira complementar a respeito da realização dos procedimentos a serem adotados pelo profissional quando da realização de cuidados paliativos, o Código de Ética Médica dispõe ser vedado ao médico abreviar a vida do paciente[47], ainda que a pedido deste ou de seu representante legal, lembrando que a violação dessa norma configura crime de homicídio, previsto no artigo 121 do Código Penal[48].

O Conselho Federal de Medicina também repreende sobre a adoção de práticas que causem ainda mais sofrimento a alguém em situação de terminalidade, vedando a obstinação terapêutica, ou, em outras palavras, a uma distanásia[49] e regulamenta sobre a adoção de medidas que amenizem a dor e o sofrimento de quem os têm, permitindo ao médico limitar ou suspender procedimentos e tratamentos que prolonguem a vida do doente, garantindo-lhe os cuidados necessários para aliviar os sintomas que levam ao sofrimento, na perspectiva de uma assistência integral, respeitada a sua vontade ou a de seu representante legal.[50]

Assim, a adoção de condutas consideradas como ortotanásia, evidenciam as práticas em cuidados paliativos, permitindo que a vida siga seu fluxo e que a finitude se concretize a seu tempo, como fator indissociável da vida e que dela faz

---

[46] BRASIL. Código de Ética Médica. Resolução CFM n° 2.217, de 27 de setembro de 2018. Capítulo I. Princípios Fundamentais. Inciso XXII.

[47] BRASIL. Código de Ética Médica. Resolução CFM n° 2.217, de 27 de setembro de 2018. Capítulo V – Relação com pacientes e familiares. Artigo 41.

[48] BRASIL. Decreto-Lei 2.848, de 07 de dezembro de 1940. Código Penal.

[49] BRASIL. Código de Ética Médica. Resolução CFM n° 2.217, de 27 de setembro de 2018. Capítulo V – Relação com pacientes e familiares. Artigo 41. Parágrafo único.

[50] BRASIL. Resolução CFM 1.805, de 01 de novembro de 2006.

parte. Dessa maneira, o Código de Ética Médica disciplina que nos casos de doença incurável e terminal, deve o médico oferecer todos os cuidados paliativos disponíveis sem empreender ações diagnósticas ou terapêuticas inúteis ou obstinadas, levando sempre em consideração a vontade expressa do paciente ou, na sua impossibilidade, a de seu representante legal[51], situação de grande relevância às Diretivas Antecipadas de Vontade[52], como reflexo da autonomia e a efetivação da dignidade daquele que elege/elegeu o que é para si melhor considerado.

Desde os ensinamentos de Hipócrates, os cuidados paliativos, ao que nos parece, têm encontrado maior segurança jurídica e caminhado no sentido da concretização de um direito humano, na medida em que o tempo passa.

> Os CP no Brasil tiveram um expressivo avanço desde a formação da ANCP, regularizando profissionalmente o paliativista brasileiro e estabelecendo parâmetros de qualidade nas atividades de CP, levando ao conhecimento de Ministérios da Saúde e da Educação, bem como ao CFM e, a Associação Médica Brasileira – AMB, poucos anos depois o Conselho Federal de Medicina incluiu os cuidados paliativos como princípio fundamental no Código de Ética Médica e, a ANCP, vem lutando"[53] pela regulamentação da questão.

Ademais, nos é oportuno salientar que temos motivos concretos para afirmarmos nossas crenças, ponderados alguns outros pontos.

Fazemos parte de uma sociedade que comprovadamente envelhece, já que o Brasil caminha para ter ao menos 30%

---

[51] BRASIL. Código de Ética Médica. Resolução CFM n° 2.217, de 27 de setembro de 2018. Capítulo V – Relação com pacientes e familiares. Artigo 41. Parágrafo único.

[52] BRASIL. Resolução CFM 1.995, de 31 de agosto de 2012.

[53] ROBLES-LESSA, Moyana Mariano; BARUFFI, Priscila Demari. O Estado Brasileiro e a Promoção dos Cuidados Paliativos: Desafios para a garantia da Dignidade Humana. In: Dadalto, Luciana. (Org.). Cuidados Paliativos Aspectos Jurídicos. 02 ed. Indaiatuba: Foco, 2022. p. 29.

de sua população composta por idosos[54] até o ano de 2060, sendo que, nesse processo, incontáveis serão as pessoas que necessitarão do recebimento de cuidados paliativos por conta das condições em saúde que lhes será peculiar, ainda que seja também necessário contemporizar que "os cuidados paliativos não se dedicam apenas a pessoas idosas, mas, em sentido lato, a todos os doentes crônicos, mesmo crianças"[55].

O acesso universal aos cuidados paliativos é um dos elementos fundamentais para se alcançar a cobertura universal da saúde, como um dos 17 objetivos de Desenvolvimento Sustentável da Agenda 2030 da ONU, assinada em 2015 por 193 países, dentre eles o Brasil[56], uma vez que o acesso a medicamentos e a tratamentos da dor são reconhecidos como um direito humano.

Por tudo isso, restamos esperançosos de que, independentemente do cenário, seja ele público ou particular, com ou sem uma regulamentação legislativa federal própria[57], considerado ou não o fato de sermos uma sociedade que envelhece e por razões que vão muito além dos compromissos internacionais ratificados pelo Brasil, que não percamos de vista o objetivo maior a nortear os cuidados paliativos, qual seja, a adoção de condutas que propiciem amparo, conforto

---

54 DADALTO, Luciana; VERDI, N. C.. As Diretivas Antecipadas de Vontade no Contexto Protetivo do Envelhecimento Ativo. In: Barletta, Fabiana Rodrigues; Almeida, Vitor. (Org.). A Tutela Jurídica da Pessoa Idosa. 01ed. Indaiatuba: São Paulo, 2020, v. 01, p. 163-178.

55 NUNES. Rui. Diretivas Antecipadas de Vontade. Brasília, DF. CFM/Faculdade de Medicina do Porto, 2016. p. 47.

56 Agenda 2030 para o Desenvolvimento Sustentável. Disponível em: https://brasil.un.org/pt-br/91863-agenda-2030-para-o-desenvolvimento-sustentavel. Acesso em 03 jun. 2022.

57 BRASIL. Projeto de lei n.º 883, de 2020 - Regulamenta a prática de cuidados paliativos nos serviços de saúde, no território nacional (Último local: 09/08/2021 - Plenário do Senado Federal - Secretaria Legislativa do Senado Federal). Disponível em https://www25.senado.leg.br/web/atividade/materias/-/materia/141187. Acesso em 05 jun. 2022.

e dignidade àqueles que deles necessitem, da qual somos desejosos de que possamos todos ter acesso, de maneira igualitária e digna.

Só assim poderemos garantir um verdadeiro direito humano a todas as existências humanas, indo além de suas biologias existenciais, que incontáveis vezes são ainda prolongadas com dor e sofrimento. A finitude humana somente será digna quando precedida de condutas igualmente dignas, em especial àqueles que se encontrem com uma doença aguda ou crônica e/ou em uma condição de saúde que apresente alto risco de mortalidade, sendo esse o maior direito humano que se pode ter.

8. CONCLUSÃO

De acordo com o documento da Aliança Mundial de Cuidados Paliativos, chancelado pela Organização Mundial da Saúde, o "Global Atlas of Palliative Care[58] :

> A principal declaração do direito à saúde está contida na Pacto Internacional sobre Direitos Econômicos, Sociais e Culturais (PIDESC) Artigo 12.1 (1966). Os cuidados de saúde incluem cuidados paliativos. O comitê que supervisiona o PIDESC emitiu um comentário geral sobre o direito à saúde que inclui uma série de obrigações fundamentais de todas as nações signatárias, independentemente dos recursos (2000).
> Essas obrigações incluem o acesso a instalações, bens e serviços de saúde de forma não discriminatória; o fornecimento de medicamentos essenciais conforme definido pela OMS; e a adoção e implementação de uma estratégia de saúde pública. No contexto dos cuidados paliativos, fica claro que os pacientes com doenças limitantes da vida devem ter acesso a cuidados de saúde adequados, medicamentos básicos para controle de sintomas e cuidados terminais, bem como a inclusão de cuidados paliativos nas políticas nacionais de saúde. (traduzimos)

---

[58] Worlide Hospice Palliative Care Alliance (WHPCA), (2020). Global Atlas of Palliative Care 2nd Edition. ISBN: 978-0-9928277-2-4. Acessado em 03/07/2022. Disponível em: http://www.thewhpca.org/resources/global-atlas-on-end-of-life-care

Cada vez mais se vê os cuidados paliativos incluídos em compromissos de políticas públicas para a prestação desse serviço e para o apoio na sua educação e financiamento como forma de garantir a efetivação desse direito humano à dignidade para a vida até seu último instante.

No Brasil, no entanto, os cuidados paliativos ainda configuram um direito a ser conquistado. O primeiro passo para avançar nesta direção consiste em reconhecer o quão distante nos encontramos da cultura de respeito aos direitos humanos dos pacientes.

Neste sentido, a autodeterminação do paciente e a recusa do tratamento, entre outras, são expressões que ainda causam espécie quando empregadas no âmbito dos cuidados em saúde. Aceitar que os cuidados em saúde devem ser centrados no paciente é o caminho para que os cuidados paliativos se consagrem como direitos humanos dos pacientes não apenas no mundo como também em nosso País.

REFERÊNCIAS BIBLIOGRÁFICAS

ALBUQUERQUE, Aline. Quem tem medo da palavra "PACIENTE"? Disponível em https://ibdpac.com.br/quem-tem-medo-da-palavra-paciente/ Acesso em: 03.06.22.

ALBUQUERQUE, Aline; GARRAFA, Volnei; PARANHOS, Denise G. A. M. Saúde e Sociedade, São Paulo, Volume: 26, Número: 4, Publicado: 2017, p. 932-942. Vulnerabilidade do paciente idoso à luz do princípio do cuidado centrado no paciente. Disponível em https://www.scielo.br/j/sausoc/a/znXjdWfwfmpY7RSr5hzYYTK/?lang=pt Acesso em 23.05.2022.

ALVES, Railda Sabino Fernandes et al. Cuidados Paliativos: Alternativa para o Cuidado Essencial no Fim da Vida. Psicologia: Ciência e Profissão [online]. 2019, v. 39 [Acessado 30 Junho 2022] , e185734. Disponível em: <https://doi.org/10.1590/1982-3703003185734>. Epub 29 Jul 2019. ISSN 1982-3703. https://doi.org/10.1590/1982-3703003185734.

BRASIL. Constituição Federal, de 05 de outubro de 1988.

BRASIL. Decreto-Lei 2.848, de 07 de dezembro de 1940. Código Penal.

BRASIL. Lei Federal n.º 8.080/90. Lei de Criação do Sistema Único de Saúde.

BRASIL. Projeto de lei n.º 883, de 2020 - Regulamenta a prática de cuidados paliativos nos serviços de saúde, no território nacional (Último local: 09/08/2021 - Plenário do Senado Federal - Secretaria Legislativa do Senado Federal). Disponível em https://www25.senado.leg.br/web/atividade/materias/-/materia/141187. Acesso em 05 jun. 2022.

BRASIL. Resolução CFM 1.805, de 01 de novembro de 2006.

BRASIL. Resolução CFM n.º 1.973, de 14 de julho de 2011.

BRASIL. Resolução CFM 1.995, de 31 de agosto de 2012.

BRASIL. Código de Ética Médica. Resolução CFM nº 2.217, de 27 de setembro de 2018.

CARVALHO, R. T., & PARSONS, H. A. (Org.). (2012). Manual de cuidados paliativos ANCP (2a ed. amp. atual.). São Paulo, SP: Academia Nacional de Cuidados Paliativos. http://biblioteca.cofen.gov.br/wp-content/uploads/2017/05/Manual-de-cuidados-paliativos-ANCP.pdf acessado em 30/06/2022

CLARK D, Baur N, CLELLAND D, GARRALDA E, LÓPEZ-FIDALGO J, CONNOR S, CENTENO C, Mapping levels of palliative care development in 198 countries: the situation in 2017, Journal of Pain and Symptom Management (2019), doi: https://doi.org/10.1016/j.jpainsymman.2019.11.009. Acesso em 30/06/2022.

COHEN, Jonathan; EZER, Tamar. Human rights in patient care: A theoretical and practical framework. December 2013. Health and Human Rights 15(2): E7-E19.

DADALTO, Luciana; VERDI, N. C.. As Diretivas Antecipadas de Vontade no Contexto Protetivo do Envelhecimento Ativo. In: Barletta, Fabiana Rodrigues; Almeida, Vitor. (Org.). A Tutela Jurídica da Pessoa Idosa. 01ed. Indaiatuba: São Paulo, 2020, v. 01, p. 163-178.

FLORIANI, Ciro Augusto Moderno movimento hospice: fundamentos, crenças e contradições na busca da boa morte. / Ciro Augusto Floriani. Rio de Janeiro: s.n., 2009. 192 f. Tese (Doutorado) - Escola Nacional de Saúde Pública Sergio Arouca, Rio de Janeiro, 2009. Disponível em: https://www.arca.fiocruz.br/bitstream/icict/2571/1/ENSP_Tese_Floriani_Ciro_Augusto.pdf Aceso em 30 junho 2022.

HIPOCRATES. Disponível em: https://pt.wikipedia.org/wiki/Hip%C3%B3crates. Acesso em 01 de jun. 2022.

IAHPC - Associação Internacional de Hospice e Cuidados Paliativos. Definição de Cuidados Paliativos. Disponível em: https://hospicecare.com/what-we-do/projects/consensus-based-definition-of-palliative-care/definition/. Acesso em 01 de jun. 2022.

NUNES. Rui. Diretivas Antecipadas de Vontade. Brasília, DF. CFM/Faculdade de Medicina do Porto, 2016. p. 47.

ONU – Nações Unidas Agenda 2030 para o Desenvolvimento Sustentável. Disponível em: https://brasil.un.org/pt-br/91863-agenda-2030-para-o-desenvolvimento-sustentavel. Acesso em 03 jun. 2022.

PAGLIARO, Luigi. ARGO, A. La medicina: due componenti, molte variante. In: REMUZZI, G.; CIPOLLA, C. Dire, fare, curare: parole tra medici e malati. Roma: Franco Angeli, 2008, p. 29 apud Bobbio, Marco. O doente imaginado: os riscos de uma medicina sem limites. São Paulo: Bamboo Editorial, 2014, p. 20-21.

PARANHOS, Denise. Direitos Humanos dos Pacientes Idosos. Rio de Janeiro: Lúmen Juris, 2018.

ROBLES-LESSA, Moyana Mariano; DADALTO, Luciana. O Direito à vida e à judicialização da saúde. Civilistica.com. Rio de Janeiro, a. 10, n. 1, p. 2, 2021. Disponível em: https://civilistica.emnuvens.com.br/redc/article/view/522/530. Acesso em 02 jun. 2022.

SAUNDERS, D. C. Introduction Sykes N., Edmonds P.,Wiles J. "Management of Ad vanced Disease" 2004, p. 3-8. Apud ALVES, Railda Sabino Fernandes et al. Cuidados Paliativos: Alternativa para o Cuidado Essencial no Fim da Vida. Psicologia: Ciência e Profissão [online]. 2019, v. 39 [Acessado 30 Junho 2022] , e185734. Disponível em: https://doi.org/10.1590/1982-3703003185734

WHO/OMS Palliative Care https://www.who.int/news-room/fact-sheets/detail/palliative-care Acesso em 20/06/2022.

WORDWIDE HOSPICE PALLIATIVE CARE ALLIANCE (WHPCA), (2020). Global Atlas of Palliative Care 2nd Edition. ISBN: 978-0-9928277-2-4. Acessado em 03/ 07/2022.

Disponível em: http://www.thewhpca.org/resources/global-atlas-on-end-of-life-care

CUIDADOS PALIATIVOS E MORTE COM DIGNIDADE: ORTOTANÁSIA, DISTANÁSIA, EUTANÁSIA E MISTANÁSIA - ASPECTOS MEDICOLEGAIS

JOÃO GABRIEL CARNEIRO[1]
MARLONE CUNHA DA SILVA[2]
MARIA HELENA CAMPOS DE CARVALHO[3]

INTRODUÇÃO

Segundo a Organização Mundial de Saúde, "Cuidados Paliativos consistem na assistência promovida por uma equipe multidisciplinar, que objetiva a melhoria da qualidade de vida do paciente e seus familiares, diante de uma doença que ameace a vida, por meio da prevenção e alívio do sofrimento, da identificação precoce, avaliação impecável e tratamento de dor e demais sintomas físicos, sociais, psicológicos

---

[1] Graduando em Direito pela Pontifícia Universidade Católica (PUC) - Campinas. Membro Colaborador das Comissões Especiais de Bioética/Biodireito e Política Criminal/Penitenciária (OAB-SP).

[2] Mestre e Doutor em Ciências (área de Clínica Médica) pela Universidade Estadual de Campinas (Unicamp). Médico Assistente do Serviço de Gastroenterologia e da Unidade de Transplante Hepático do Hospital de Clínicas da Unicamp.

[3] Mestre e Doutora em Direito (área de Direito Civil) pela PUC-SP. Professora da PUC-Campinas. Advogada.

e espirituais". Esse conceito reafirma a vida, considerando a morte um processo natural, que não deve ser acelerado ou postergado.

O termo "paliar" vem do latim *"pallium"*, nome dado ao manto que os cavaleiros usavam para se proteger das tempestades por onde percorriam; então, oferecer cuidados paliativos ao paciente significa protegê-lo das intempéries que ele enfrentará nas horas, dias ou meses que antecedem a sua morte. Esta não é o fracasso das medidas terapêuticas; é apenas o fim da vida. Os médicos, mesmo com o avanço da ciência e tecnologia, devem entender que a medicina tem limites diante da dignidade humana.

Ana Cláudia Quintana Arantes, em seu livro "A morte é um dia que vale a pena viver", relata que cuidar de uma pessoa com uma doença grave e sem perspectiva de cura significa ajudá-la a viver até o dia em que sua morte chegar, pois "apesar de muitos escolherem viver de um jeito morto, todos têm o direito de morrer vivos".[4]

1. ORTOTANÁSIA

> *"Morte, você é valente. O seu rancor é profundo. Quando eu cheguei neste mundo, você já matava gente. Eu guardei na minha mente sua força e seu rigor. Porém me faça um favor: para ir ao Campo Santo, não me deixe sofrer tanto. Morte me leve sem dor."* PATATIVA DO ASSARÉ

Etimologicamente, a palavra ortotanásia é formada pelos radicais *"ortho"* (reto, correto) e *"thanatos"* (morte). O art. 32 do Código de Ética Médica (CEM) refere que o médico "não pode deixar de usar todos os meios disponíveis de diagnóstico e tratamento, cientificamente reconhecidos e ao seu alcance, em favor do paciente". No cenário de uma doença grave e não passível de cura, procedimentos invasivos causam so-

---

[4] ARANTES, Ana Cláudia Quintana. A morte é um dia que vale a pena viver. Rio de Janeiro: Sextante, 2019.

frimento e jamais devem ser entendidos como sendo "em favor do paciente". Nesse contexto, é essencial zelar pelo bem-estar do mesmo, oferecendo-lhe conforto para que ele possa vivenciar sua morte com paz e dignidade.

A ortotanásia é permitir que a morte aconteça quando o paciente tem uma doença grave e incurável. Isso é tratado pela resolução 1805/2006 do Conselho Federal de Medicina (CFM): "Na fase terminal de enfermidades graves e incuráveis é permitido ao médico limitar ou suspender procedimentos e tratamentos que prolonguem a vida do doente, garantindo-lhe os cuidados necessários para aliviar os sintomas que levam ao sofrimento, na perspectiva de uma assistência integral, respeitada a vontade do paciente ou de seu representante legal.". Além do mais, tal comando foi reforçado pelo art. 41 da resolução 1931/2010, também do CFM.

Mas como reconhecer os limites entre a ortotanásia e o homicídio? Deixar de dar suporte à vida poderia ser entendido como tirar a vida do paciente? Diante desses questionamentos, deve-se entender, primeiramente, que o homicídio se trata de um crime comissivo, ou seja, exige-se do agente um fazer: "matar alguém", conforme assegura Rogério Greco: "no art. 121 do Código Penal (CP), que diz *matar alguém*, o tipo penal prevê um comportamento positivo, comissivo, isto é, o ato de matar."[5]

Nesse contexto, a omissão do médico não se trata de homicídio, porém, caso este deixe de agir frente a uma situação em que sua conduta seja necessária, deve-se observar o disposto no art. 13, §2º, do CP, o qual estabelece que "a omissão é penalmente relevante quando o omitente devia e podia agir para evitar o resultado", ou seja, para a omissão ser penalmente relevante, deve restar caracterizados o dever legal, a posição de garantidor e a ingerência[6]. Dessa forma, somente é cabível

---

5 GRECO, Rogério. Curso de Direito Penal: Parte Geral. 18 ed. Rio de Janeiro: Impetus, 2016.

6 MASSON, Cleber. Direito Penal Parte Geral. 14. ed. Rio de Janeiro: Forense; São Paulo: Método, 2020

responsabilizar o médico por omissão quando este, diante de um paciente com uma enfermidade transitória e curável, omitir uma ação passível de evitar o óbito.

Inevitavelmente, a vida humana chega ao seu final. Assegurar que essa passagem ocorra de forma digna, com cuidados e buscando-se o menor sofrimento possível, é missão daqueles que assistem os enfermos portadores de doenças em fase terminal. Quando a equipe de cuidados paliativos é acionada para avaliar um paciente, analisa a doença principal, comorbidades, nível de consciência e orientação, funcionalidade, sintomas físicos, conversa sobre suas perspectivas acerca da evolução da doença, aborda também os aspectos emocionais, sociais e espirituais. Discute-se sobre o prognóstico com o médico assistente e assim é realizada a conferência familiar, uma reunião extremamente importante quando alguém está caminhando para o fim da vida.

A conferência familiar reúne todas as equipes que assistem o paciente (médico, nutricionista, enfermeiro, fisioterapeuta, psicólogo...). É o cenário apropriado para explicar aos familiares e ao paciente quão grave é a doença e quais são as complicações inerentes a ela. Deve ser alinhada a forma de se comunicar, usar vocabulário acessível, evitando termos técnicos. É essencial perceber o interesse do paciente/família para saber mais detalhes sobre o caso e assim falar sobre diagnóstico, prognóstico, os caminhos/escolhas a serem seguidos e o suporte a ser oferecido.

A equipe deve expressar empatia e humanização diante das emoções afloradas e dos momentos de silêncio. A equipe deve desenhar o plano de cuidados e ter certeza de que tudo ficou completamente esclarecido. São definidos pontos como: indicar ou não hemodiálise, realizar ou não intubação para suporte ventilatório, controlar a dor, melhorar a sedação. Medidas simples fazem muita diferença: manter o paciente no quarto e não na unidade de terapia intensiva (UTI), liberar entrada de visitantes e acompanhantes, tocar músicas que o paciente gosta, estimular a comunicação sobre momentos felizes na vida do paciente e dos familiares: vitórias, piadas, acontecimentos engraçados. Nas novelas e nos livros, tudo se resolve no último capítulo, na última página. É possível que na vida, também seja assim.

Às vezes, a família questiona o médico sobre a possibilidade de um milagre. Nesses casos, uma reflexão pertinente seria: milagre é o paciente ter acesso ao serviço de saúde e receber cuidados de fim de vida; milagre é ultrapassar o processo de morte ao lado das pessoas que ama; milagre é poder ter os sintomas de dor e falta de ar controlados pela equipe médica; milagre é morrer feliz.

2. DISTANÁSIA

> *"Morre lentamente quem não muda de vida quanto está insatisfeito com seu trabalho ou com seu amor. Quem não arrisca o seguro pelo incerto para ir atrás de um sonho, quem não se permite ao menos uma vez na vida fugir dos conselhos sensatos... Vive hoje! Faz hoje! Arrisca hoje! Não te deixes morrer lentamente! Não te esqueças de ser feliz!"* MARTHA MEDEIROS

A palavra distanásia é formada pelos radicais *"dis"* (afastamento, dualidade, dificuldade) e *"thanatos"* (morte). Distanásia é, pois, entendida como o prolongamento da vida por meios artificiais, de forma a distanciar, o máximo possível, o paciente da morte. Assim sendo, diante de uma doença grave e sem perspectiva de cura, a meta da equipe de saúde não deve ser manter o paciente vivo e sim protegê-lo das ameaças que possam causar sofrimento. Prolongar a vida com dor não causa danos somente ao paciente, mas à família, à equipe cuidadora e ao sistema de saúde. Medidas inúteis podem ser invasivas, como cateter de diálise, acesso venoso central, intubação, traqueostomia. Além disso, essas condutas podem ser consideradas lesões corporais de acordo com o art. 129

do CP: "Ofender a integridade corporal ou a saúde de outrem", haja vista que submetem o enfermo a situações de dor e sofrimento de forma desnecessária, uma vez que não será possível evitar o óbito.

Um dos princípios de Hipócrates, o Pai da Medicina, é o da não-maleficência (*primum non nocere*), ou seja, antes de tudo não causar o mal. Isso deve estar no pensamento da equipe de saúde nos momentos finais da vida do paciente. É como se ele estivesse no fim de uma maratona, prestes a receber o mais valioso dos prêmios: o troféu da vida.

O CEM diz que "Nas situações clínicas irreversíveis e terminais, o médico evitará a realização de procedimentos diagnósticos e terapêuticos desnecessários e propiciará aos pacientes sob sua atenção todos os cuidados paliativos apropriados. Quando envolvido na produção de conhecimento científico, o médico agirá com isenção, independência, veracidade e honestidade, com vista ao maior benefício para os pacientes e para a sociedade."

Mas até que ponto uma medida vai ser útil ou inútil? Para isso, é necessário conhecimento técnico, experiência, equipe multidisciplinar, diálogo com a família. O desconhecimento sobre tanatologia, insegurança, até motivos econômicos, experimentos científicos prolongam a vida e violam a dignidade humana. A "medicina defensiva" faz com que profissionais indiquem procedimentos disponíveis, mesmo que inúteis, para provar uma boa ação profissional. Existe um temor pela responsabilização ética, civil e penal pela morte. Mas é fundamental saber que, frente a um processo judicial, a cultura de registrar de forma clara todas as condutas e decisões no prontuário médico pode oferecer mais proteção do que a luta inútil contra a terminalidade.

3. EUTANÁSIA

"Todo dia o mesmo teto ela não aguenta mais essa horizontal. Respira pelos canos e ninguém vai te ouvir gritar. A escuridão deve ser melhor que isso. Solta minha mão, deixa eu abraçar o abismo." SUPERCOMBO

Semelhante à formação dos outros termos, eutanásia vem de *"eu"* (bom) e *"thanatos"* (morte), expressando a ideia de "morte boa", sem dor e sem sofrimento. Mas, na verdade, eutanásia é a abreviação da morte, sendo uma conduta por compaixão, para dar uma boa morte para alguém que sofre de uma doença incurável. No Brasil, eutanásia é crime; trata-se de homicídio. É uma conduta típica, antijurídica, embora possa o autor, quando condenado, ser beneficiado por uma redução de pena, o que se denomina de homicídio privilegiado. O CEM, como já referido, aborda a questão dos limites de atuação médica em casos de terminalidade.[7]

A eutanásia se subdivide em ativa (positiva) e passiva (negativa). No primeiro caso exige uma ação, como por exemplo, a aplicação de uma injeção letal no paciente ou infusão de sedativos em doses altas, causando depressão respiratória, ou seja, é uma conduta comissiva. No segundo, há uma omissão de conduta que deveria, em tese, manter o paciente vivo, isto é, uma conduta omissiva, como no caso de deixar de reverter uma arritmia, causando parada cardíaca.

Ainda, classifica-se em eutanásia voluntária, não-voluntária e involuntária. A primeira se configura quando o próprio paciente manifesta o desejo de abreviar sua vida. Por sua vez, a não-voluntária ocorre quando o paciente se encontra incapaz de expressar sua vontade, como um paciente em estado de coma profundo. Já a involuntária acontece sem o consentimento do paciente ou até mesmo contra a sua vontade, porém, neste caso, configura o crime de homicídio propriamente dito, não havendo a possibilidade de redução de pena, conforme adiante se verificará.

---

[7] Art. 41, Código de ética Médica.

4. SUICÍDIO ASSISTIDO

Diante das classificações expostas, é necessário diferenciar a eutanásia voluntária praticada de forma ativa (positiva) do suicídio assistido, pois, em que pese nas duas modalidades existir o consentimento do paciente, na eutanásia voluntária praticada positivamente quem realiza a ação é um terceiro. É o médico que, por meio de uma conduta comissiva, causa a morte do paciente. Já no suicídio assistido o profissional apenas oferece os meios necessários para que o próprio paciente cause a sua morte, sem participar ativa e diretamente.

Além do mais, a diferença não reside apenas na conduta, mas também na tipificação penal. Na eutanásia voluntária o médico responderá pelo delito de homicídio, com a possibilidade redução de pena, tipificado no artigo 121, §1º, do CP, enquanto que no suicídio assistido responderá pelo delito de auxílio ao suicídio, especificado no artigo 122 do mesmo diploma legal.

5. EUTANÁSIA NO CÓDIGO PENAL

O CFM proíbe, por meio do art. 41 do CEM, a eutanásia. Já o CP não a tipifica expressamente; porém, em que pese não constar explicitamente no código, isso não gera a despenalização da conduta, pois o agente que praticar tal ação responderá ou por homicídio ou por auxílio ao suicídio, a depender do modo que se realizou a ação.

Nesse sentido, quando o profissional praticar a eutanásia ativamente, será enquadrado no delito de homicídio, todavia, dadas as razões e circunstâncias do ato, o crime será privilegiado, havendo uma redução em sua pena de 1/6 a 1/3, uma vez que a conduta é impelida por motivo de relevante valor social ou moral, dado que consiste em abreviar a vida do enfermo com a única intenção de livrá-lo de todo o martírio físico, psicológico e emocional. Além de que, pode ser denominado de Homicídio Piedoso.

Já se o médico fornece os meios necessários para que o próprio paciente realize a eutanásia, enquadra-se no art. 122 do CP - auxílio ao suicídio - uma vez que se caracteriza o suicídio assistido, em que o médico não agiu de maneira positiva, apenas forneceu os meios para que, aquele que desejava a morte, a praticasse, conforme ocorreu na Itália, onde Frederico Carboni, no dia 16/06/2022, faleceu após ingerir, por conta própria, através de uma máquina especial, um coquetel de drogas letal, conduta esta que foi aprovada pelo comitê de ética em novembro de 2021, sendo a primeira pessoa no país (Itália) a obter aprovação legal para a prática do suicídio assistido.[8]

Entretanto, para tipificar a conduta da eutanásia, deve-se atentar às suas classificações, bem como às características, pois caso o médico pratique a eutanásia voluntária ou a não-voluntária, observados os requisitos exigidos, responderá pelo crime de homicídio em sua forma privilegiada. Contudo, caso realize a eutanásia involuntária, ou seja, quando o paciente manifestou o desejo de não ser submetido a prática eutanásica, mas mesmo assim o fez, não se tem como aplicar o "privilégio" na conduta, pois caracteriza homicídio, apenas, de forma que ser aplica o *"caput"* do art. 121 do CP.

Nesse mesmo sentido, caso o paciente possua enfermidade transitória e curável e seja submetido a eutanásia, a conduta do agente não será enquadrada em homicídio privilegiado, mas no homicídio puro e simples, sem a possibilidade de redução de pena.

No mais, para completar a questão jurídica acerca da eutanásia, cabe informar que tramita no Senado Federal o Projeto de Lei nº 236, de 2012 (PLS), no qual se propõe a reforma do atual CP, sugerindo a eutanásia como delito autônomo, com pena de reclusão de 2 a 4 anos.

---

[8] WELLE, Deutsche. Homem realiza o primeiro suicídio assistido da Itália. G1. 16/06/2022. Disponível em: https://g1.globo.com/mundo/noticia/2022/06/16/homem-realiza-o-primeiro-suicidio-assistido-da-italia.ghtml. Acesso em: 17/06/2022.

No entanto, a proposta de redação do artigo refere-se apenas ao sofrimento físico[9], excluindo sofrimentos emocionais e psicológicos. Todavia, o sofrimento não reside apenas fisicamente. A dor se instala no psicológico, no coração, razão pela qual não se pode limitar o sofrimento apenas ao corpo, pois um paciente pode estar sem nenhuma dor física, mas com o psicológico totalmente abalado por uma doença que nenhum tratamento é capaz de curar.

Além de que, é necessário compreender que a dor ultrapassa a pessoa do paciente, de modo que os familiares, assistindo ao sofrimento do seu ente querido, também sente dor, talvez até mais do que o próprio enfermo que, em um estado de coma total, não sente absolutamente nada. A tristeza e a aflição também são sentimentos dolorosos e angustiantes. A dor pode ser mais forte em que vê do que em quem vivência de fato.

Ainda, a proposta traz a possibilidade de perdão judicial, momento em que o juiz poderá deixar de aplicar a pena com base na avaliação do caso, bem como quando houver laços de afeto ou parentesco entre o agente e a vítima. No mesmo diapasão, possibilita a exclusão da ilicitude quando o médico deixar de fazer uso de tratamentos em pacientes portadores de doenças graves irreversíveis.

Em vista disso, há um ponto que merece destaque, no que tange ao modo de se realizar a eutanásia, pois a PLS não especificou os procedimentos e os meios que podem sem empregados, nem mesmo as limitações das condutas eutanásicas, de maneira que se preocupou apenas e tão somente com o resultado (morte), não se manifestando sobre os métodos aplicados para alcançar esse desfecho. Nesse cenário, não importa que o agente seja um profissional da saúde (capacitado para abreviar a vida do paciente de maneira segura, sem dor e sofrimento), ou uma pessoa comum (sem conhecimento

---

9 Art. 122. Matar, por piedade ou compaixão, paciente em estado terminal, imputável e maior, a seu pedido, para abreviar-lhe sofrimento físico insuportável em razão de doença grave

técnico e científico), que age por compaixão, a exemplo de um familiar, situação na qual poderá até mesmo ser aplicado o perdão judicial.

6. DIREITO À VIDA

> *"Nós todos temos o direito de levar uma vida feliz."*
> DALAI LAMA

Na abordagem do direito à vida, e não sobre ela, é preciso estabelecer a relação necessária e, quase intuitiva, com outro direito resguardado pela Constituição Federal (CF): a dignidade da pessoa humana (art.1º, III, CF). Se, de um lado, a proteção à vida deve ser garantida, e o é pelos dispositivos constitucionais e infraconstitucionais (art. 5º, caput, CF), afere-se, por outro lado, com o passar do tempo e a própria evolução do direito, que inexistem direitos absolutos, ainda que sejam essenciais ao ser humano, como vida, liberdade e imagem.

Acrescente-se a isso a própria extensão da tutela dos direitos da personalidade, que é abrangida por estatutos legais variados. A imersão em diversas áreas é inevitável. Temos, assim, tutelas de âmbito constitucional, penal e civil, apenas para falar das clássicas. (BITTAR: 2004, p.48). O que se busca é uma ponderação em eventual conflito entre esses direitos, o que tem acontecido especificamente na área da saúde.

Retomando o direito à vida, este ocupa posição de primazia, até porque os demais surgem como consequência lógica de sua existência. Isto não o dota, no entanto, de um caráter absoluto, o que fica claro até pelas provocações jurídicas constantes ao Poder Judiciário, demonstrando que esse direito continua a ensejar dúvidas, questionamentos, mormente quanto a seus limites.

Temas como abortamento, pena de morte e suicídio permanecem em constante escrutínio, mas o início e o fim da vida causam grandes discussões, correntes, divergências, ataques morais e debates no campo do direito, da bioética e da saúde. E isso pode ser facilmente constatado, seja pelos casos ou questões repetidamente postas pela mídia em debate nacional. Curiosamente, as questões relativas ao início da vida trazem maiores discussões. É mais fácil debater do que se "imagina" e não tem uma história, do que a partida de alguém com histórias, contadas ou não. Morrer com dignidade ainda permanece um tabu, que pode ser encarado sob prismas diversos, desde uma posição papal, de que a vida não deve ser mantida artificialmente, até os que entendem que ninguém pode dispor sobre a vida e os que postulam que se deve morrer com dignidade.

Segundo o Papa Francisco, "a eutanásia é sempre ruim", mas é perfeitamente lícito para um paciente decidir pelo abandono de cuidados terapêuticos que prolongam a vida de forma pouco humana. Em carta dirigida à AMM (Associação Médica Mundial), em 2017, conclama o Pontífice a um apelo a uma maior sabedoria, "em razão da tentação de insistir em tratamentos que têm efeitos poderosos sobre o corpo, mas que às vezes não servem ao bem-estar integral da pessoa".[10]

Na verdade, a manifestação da Igreja Católica, neste sentido, apenas ecoou manifestação anterior da Sagrada Congregação para Doutrina da Fé, datada de 1980. A discussão perpassa para a moral comum e social e se reflete em filmes como "Mar Adentro" e "Menina de Ouro", entre tantos que abordam essa temática.

Hoje a questão que se põe é o que deve ser feito, considerando o avanço tecnológico que garante a prolongação da vida. Mas a que custo? E que tipo de vida? Com autonomia,

---

[10] https://br.noticias.yahoo.com/papa-%C3%A9-eutan%C3%A-1sia-mas-aprova-prolongamento-desumano-vida-165054354. html?guccounter=1&guce_referrer=aHR0cHM6Ly93d3cuZ29v-Z2xlLmNvbS8&guce_referrer_sig=AQAAANb2VFu3VCvGFc55wowVQ-MEmCKQ7pr9zCgGtaY_5zIElZtGB3EB-yVbDGl6mrwXNr9ibLa0LicFhur-L8fn0C6CS1e-b4qKmW9b01fLHoAPexIwrZFXr1xo74LMhQ96qPYbo-wi98afqL9QBpzJ69PGSKKP_2Gimj60TnDcr5UemEC

dignidade e qualidade? Ou apenas vida? Não há consenso sobre a questão do que fazer quando se está face a uma doença incurável, ou frente à perspectiva de tratamentos invasivos e sem segurança, que prolongam a vida e causam sofrimento. Já tivemos em nosso país até mesmo decisão judicial suspendendo os efeitos da resolução 1805/2006 do CFM, já citada.

Tal resolução foi, em 9 de maio de 2007, tema de uma ação civil pública proposta pelo Ministério Público Federal face ao CFM, na qual se requereu sua revogação, sob o argumento de que tanto a ortotanásia quanto a eutanásia configurariam o crime de homicídio, tal como questionou a competência do CFM em legislar sobre o tema, dado que que infringiu preceitos constitucionais, pois tal atribuição, qual seja, legislar sobre matéria penal, é restrita ao Congresso Nacional. Houve a suspensão liminar da resolução, todavia, após todo o trâmite processual, o próprio autor da ação (Ministério Público) reconheceu o equívoco e a resolução voltou à vigência.[11]

Um ponto importante que poderia auxiliar a dirimir alguns conflitos é o testamento vital. Sua importância é clara, no sentido de revelar-se como manifestação de vontade para efeitos biológicos, sobre o que pode ou não ser feito com o paciente, como por exemplo, autorizando ou não a reanimação cardiorrespiratória, bem como permitindo a suspensão de tratamentos quando houver comprometimento cerebral. Essa modalidade já foi considerada pelo Enunciado n. 527, aprovado na V Jornada de Direito Civil (2011) e pode auxiliar nas questões aflitivas, porém, é pouco acessada devido a falta de informação.

O Testamento Vital é conhecido como Diretivas Antecipadas da Vontade e dispõe exatamente sobre os interesses dos indivíduos em eventuais procedimentos médicos, devendo ser registrado em cartório de Notas. Imagine-se um estado de coma, em que exista o testamento vital. Aí sim, será possível o respeito à autonomia do paciente, resguardadas as res-

---

[11] TERZI, Cristina. *et al*. Curso de Cuidados Paliativos. In: TORRES, José Henrique Rodrigues. Campinas: Deigo Editora, 2019. p. 135-153.

ponsabilidades médicas e dos demais profissionais da saúde, desde que as diretivas estejam adequadas. Apesar do CFM se mostrar favorável ao Testamento Vital, não tem o condão de legislar, o que somente é feito pelo Congresso Nacional, mas o debate sobre o tema ainda prossegue.

Quanto à legislação, os que defendem o instituto o fazem com base no preceito da dignidade da pessoa humana, aliada, dentre outros dispositivos, à impossibilidade de submissão do paciente a tratamento sem seu consentimento (art. 15 do Código Civil). Existe a referida resolução 1995/2012 do CFM, além do Enunciado da Jornada de Direito Civil, já mencionado anteriormente.

Na Câmara dos Deputados existem os seguintes projetos: PL 5559/2016 - regulamenta os direitos do paciente; PL 352/2019 - dispõe sobre consentimento informado e instruções prévias de vontade sobre tratamento de enfermidade em fase terminal de vida. Já no âmbito do Senado Federal encontramos mais dois projetos: PLS 149/2018 - relacionado às diretivas antecipadas de vontade; e PLS 493/2020 - prevê o estatuto do paciente. Tudo isso afora os substitutivos que na certa advirão, como em todo bom debate jurídico.

Vê-se, pois, que ganhou lume a questão e há uma necessidade de organizar juridicamente tais propostas, não deixando ao alvedrio dos interessados ou à eventualidade. O direito não pode dar as costas à realidade. Muito ao contrário, sua proposta é refletir o bom senso e estar atento à dinâmica social. As mudanças advindas da tecnologia aí estão. No entanto, o homem continua a nascer zerado culturalmente e tem seu aprendizado limitado pela própria sociedade na qual se encontra inserido. As questões que atormentam os homens são as mesmas dos antepassados. A tecnologia evoluiu, a perspectiva é outra, a discussão é antiga e o homem, este permanece igual ao do início do milênio anterior.

7. DA BIOÉTICA E SEUS PRINCÍPIOS

A bioética nunca se fez tão presente como nos últimos tempos. Não apenas em razão de uma pandemia, mas sim por trazer à tona conflitos e decisões que todos deixam para tomar somente em uma eventualidade, nunca sendo programada e nem questionada. Essa realidade mudou, pelo menos para muitas pessoas. Como frisa Maria Celeste Cordeiro dos Santos, o fenômeno bioético, como manifestação atenta aos progressos da ciência, é recente no tempo (CORDEIRO DOS SANTOS, 2000, p.37), mesmo sendo norteado por princípios basilares que regem a percepção humana.

São três os princípios da bioética e do biodireito: 1) o da beneficência e não-maleficência; 2) o da autonomia; 3) e o da justiça. O princípio da beneficência tem origem no latim, *"bonum facere"*, fazer o bem, complementando o princípio hipocrático da não-maleficência já citado (*primum non nocere*). A ideia presente é a de maximizar os benefícios e minimizar possíveis riscos ao paciente.

No que concerne à autonomia, que provém de *"autós"* (eu, próprio), *"nomos"* (lei), esta diz respeito à possibilidade e capacidade de autogoverno. Eis um princípio que gera acerbas discussões na seara do direito. Ele provém do respeito às pessoas, ou seja, dever-se-ia deixar ao critério de cada um as decisões sobre sua vida. Ninguém obsta o direito à liberdade. A pergunta que se põe é se não deve esta encontrar limites? Qual o limite do paciente no domínio sobre sua própria vida? Entre médico e paciente, e de acordo com as recentes normativas e doutrina, por certo prevalece a autonomia do paciente, dentro do que permite a lei e jurisprudência pátrias.

Já o princípio da justiça só pode ser enfrentado e compreendido como caráter de justiça social. É a única virtude social. Todas as demais são individuais. Esta necessita de um interlocutor ou outra pessoa. Ninguém é justo ou injusto. Sempre o é em relação a alguém ou alguma situação, o que pressupõe seu caráter social. Isto obrigaria o Estado a garantir que todas as pessoas sejam tratadas de maneira igual, ou seja, uma distribuição justa e equitativa dos benefícios dos serviços de saúde, objeto de estudo presente.

A bioética apresenta, nos seus princípios, grandes desafios ao tempo presente, tão líquido, como preconizava Zygmunt Bauman. Tudo é efêmero, quase de consumo, até mesmo as relações afetivas foram atingidas por essa "liquidez". E o corpo? A autonomia em relação à própria saúde, atrelada ao dever médico de promover a saúde e ao dever estatal de fornecer condições de saúde a todos? O desafio está posto.

Quanto ao término da vida, questão que se põe para análise juntamente com os cuidados paliativos, há que se reconhecer a autonomia para gerir os limites dos cuidados com a saúde pessoal, na relação médico-paciente, dentro dos parâmetros já deliberados e aceitos pela doutrina médica e, em grande parte, também pelo direito.

Conforme preleciona Flávio Tartuce "o art. 15 do atual Código Civil consagra os direitos do paciente, valorizando o princípio da beneficência e da não maleficência, pelo qual se deve buscar sempre o melhor para aquele que está sob cuidados médicos" (2016, p.183)[12] E nesse sentido têm sido as decisões judiciais e normativas do CFM.

Foi aprovado o Enunciado 533 na VI Jornada de Direito Civil que expressamente adota o princípio da autonomia ao dizer: "O paciente plenamente capaz poderá deliberar sobre todos os aspectos concernentes a tratamento médico que possa lhe causar risco de vida, seja imediato ou mediato, salvo as situações de emergência ou no curso de procedimentos médicos cirúrgicos que não possam ser interrompidos." Há no referido enunciado claro reconhecimento do direito à autodeterminação dos pacientes.

---

[12] Direito Civil, v.1

8. MISTANÁSIA

"E se somos Severinos, iguais em tudo na vida, morremos de morte igual, mesma morte severina: que é a morte que se morre de velhice antes do trinta, de emboscada antes dos vinte, e de fome um pouco por dia."
JOÃO CABRAL DE MELO NETO

Mistanásia ou eutanásia social é a morte precoce do indivíduo vulnerável socialmente, como consequência da violação do seu direito à saúde. É o término da vida de forma miserável na rua, nos corredores dos hospitais, em macas no chão, em guerras ou por erro médico. O termo advém do grego, sendo a junção de *"mis"* (infeliz) e *"thanatos"* (morte), ou seja, "morte infeliz"

A crise sanitária associada à infecção pelo novo coronavírus (COVID-19) ceifou a vida de milhões de pessoas no mundo inteiro, sobretudo a falta de oxigênio suplementar na cidade de Manaus, que culminou com a morte de muitos cidadãos. O mesmo ocorreu na cidade do Rio de Janeiro, onde um idoso com suspeita de coronavírus, morreu após esperar por sete dias na recepção de um hospital[13].

Tais situações deixam mais que evidente que a morte não ocorreu por causas naturais, mas sim por conta da ausência de cuidados e atendimentos básicos, violando as garantias previstas no art. 196 da CF, no qual se disciplina que todos têm direito à saúde, cabendo ao Estado, por meio de políticas sociais e econômicas, visar a redução de riscos de doença, tal como se estabelece que deve garantir acesso universal e igualitário às ações e serviços médicos, de modo a assegurar a promoção, proteção e recuperação da saúde, tal qual dispõe a Lei 8080/1990, em seu art. 2º: "a saúde é um direito fun-

---

[13] https://g1.globo.com/rj/rio-de-janeiro/noticia/2020/05/09/idoso-com-suspeita-de-covid-19-morre-em-hospital-do-rj-depois-de-ficar-dias-em-cadeira.ghtml.

damental do ser humano, devendo o Estado prover as condições indispensáveis ao seu pleno exercício."[14]

9. CONCLUSÕES

Cuidados Paliativos devem fazer parte da assistência a todo paciente com diagnóstico de uma doença grave e que ameace a continuidade da sua vida. Assim como a saúde, morrer com dignidade é um direito de todos. Para que a morte aconteça de forma viva, é necessário difundir o conhecimento sobre os aspectos médicos e jurídicos no âmbito da tanatologia. Que este seja o início de um diálogo sobre um assunto amargo e indigesto para muitos, mas comum a todos: a morte.

REFERÊNCIAS

Palliative care fact sheet. Geneva: World Health Organization; 2021 (https://www.who.int/news-room/fact-sheets/detail/palliative-care, accessed 5 May 2022).

Dicionário Houaiss da Língua Portuguesa. Ed. Objetiva, 2009

Conselho Federal de Medicina.

Terzi C & Junqueira JCS. Cuidados Paliativos. Diego Editora, Campinas, 2019

GUIMARÃES, Marcello Ovidio Lopes. Eutanásia - Novas considerações penais. 2008. 36 f. Tese (Doutorado em Direito Penal. Medicina Forense e Criminologia) - Universidade de São Paulo, São Paulo, 2008.

MARQUES, Cavalcante e col. 2018. Direito à morte: uma análise da possibilidade jurídica do direito à morte no ordenamento jurídico brasileiro.

Ética médica – código. 2. Códigos de ética. I. Título. II. Resolução CFM nº 2.217, de 27 de setembro de 2018. CFM.

FERRAZ, Octávio Luiz Motta. Eutanásia e Homicídio - Matar e deixar morrer: uma distinção moralmente válida?. 2001. 7 f. Revista de Direito Sanitário, vol. 2, n. 2, Julho de 2001.

---

[14] BRASIL. Lei nº 8.080, de 19 de setembro de 1990.

SCHREIBER, Anderson. Direitos da Personalidade. 3ª Ed. São Paulo: Atlas, 2014.

POLICASTRO, Décio, O livre arbítrio do paciente e as diretivas antecipadas de vontade. Conselho Federal de Medicina, 2012. Disponível em: https://portal.cfm.org.br/artigos/o-livre-arbitrio-do-paciente-e-as-diretivas-antecipadas-de-vontade/. Acesso em: 21/06/2022.

O que é mistanásia e qual é sua relação com a crise de Manaus. Estadão: Summit Saúde Brasil 2022. 13/03/2021. Disponível em: https://summitsaude.estadao.com.br/saude-humanizada/o-que-e-mistanasia-e-qual-e-sua-relacao-com-a-crise-de-manaus/. Acesso em: 23/06/2022.

PESSINI, Leo e col. Problemas atuais da bioética. 11ª Ed. São Paulo. Edições Loyola, 2014.

JÚNIOR, Eudes Quintino de Oliveira e col. A eutanásia e a ortotanásia no anteprojeto do Código Penal Brasileiro. 2012.

BITTAR, Carlos Alberto. Os Direitos da Personalidade. Rio de Janeiro. Editora Forense, 2004.

BORGES, Silvana Amneris Rôlo Pereira. Eutanásia no projeto de Código Penal: Reflexões sobre o direito à vida e a autonomia da vontade na perspectiva constitucional.

SANTOS, Maria Celeste Cordeiro dos. O Equilíbrio do Pêndulo. Bioética e a Lei. São Paulo. Editora Ícone, 1998.

TARTUCE, Flávio. Direito Civil, v.1. Rio de Janeiro. Editora Forense, 2016.

https://br.noticias.yahoo.com/papa-%C3%A9-eutan%C3%A1sia-mas-aprova-prolongamento-desumano-vida-165054354.html

https://www.conjur.com.br/2022-abr-04/direito-civil-atual-testamento-vital-quais-rumos-debate-legislativo-brasileiro

Ayesta A, Bonanad C, Díez-Villanueva P, García-Blas S, Ariza-Solé A, Martínez-Sellés M. Ethical considerations in elderly patients with acute coronary syndrome. Rev Cardiovasc Med. 2022;23(2):55.

Varkey B. Principles of Clinical Ethics and Their Application to Practice. Med Princ Pract. 2021;30(1):17-28.

RESOLUÇÕES DO CONSELHO FEDERAL DE MEDICINA E CUIDADOS PALIATIVOS - RESPONSABILIDADE CIVIL E PENAL MÉDICA

MILENA MORATTI AGUILAR[1]

INTRODUÇÃO

Os cuidados paliativos têm sido amplamente discutidos nas últimas décadas, principalmente considerado o cenário de mudança para maior foco na dignidade humana e na autonomia da vontade, revertendo a atenção médica para o ser humano, para as percepções e valores do paciente, em detrimento da concentração na doença, nas suas causas e possibilidades de cura.

Os avanços científicos, tecnológicos e médicos, entre outros, assim como métodos de tratamentos específicos direcionados para o aumento da expectativa de vida, geraram melhores condições de sobrevivência e de alongamento da sobrevivência, mas também acabaram por gerar também uma

---

[1] A autora é advogada graduada pela Universidade Paulista (1995), Master in Business Administration em Gestão Empresarial (IBMEC) e Recursos Humanos (FMU), com mais de 15 (quinze) anos de atuação como Head of Legal & Compliance. É sócia do escritório Nelson Wilians Advogados e membro efetivo das Comissões Especiais de Bioética e Biodireito e Compliance da OAB/SP (triênio 2022 -2024).

cultura de negação da morte e de obstinação pela manutenção da vida a qualquer preço, inclusive do bem-estar humano.

Questões éticas, médicas e os direitos fundamentais dos pacientes passaram a ser avaliados por diferentes abordagens e os cuidados paliativos passaram a ganhar maior dimensão em um contexto crescente de preocupação e foco na natureza integral do ser humano e de todas as suas necessidades e vontades, notadamente no complexo processo de adoecimento grave e de estado terminal da vida.

Em que pese a legislação brasileira seja carente de normatizações específicas voltadas aos cuidados paliativos, assim como de temas relacionados às questões éticas como um todo, o Conselho Federal de Medicina, com a finalidade de suprir as lacunas existentes no ordenamento jurídico e visando regulamentar as práticas médicas voltadas ao contexto do paciente em relação aos princípios da dignidade humana e da autonomia da vontade, passou a elaborar resoluções com base em princípios éticos e bioéticos.

A Resolução CFM de nº 1.805/2006[2] foi um marco para os cuidados paliativos ao contemplar a ortotanásia, procedimento que visa aliviar o sofrimento de pacientes em situações irreversíveis e de terminalidade da vida, com a suspensão de tratamentos que não revertem a situação clínica e que causam maior padecimento; a Resolução CFM de nº 1.995/2012[3], que regulamentou as diretivas antecipadas de vontade, para que os pacientes possam documentar expressamente os cuidados que pretendem ter em casos de doenças graves e sem possibilidade de cura; a Resolução de nº 2.217/2018, que aborda o Código de Ética Médica, com os princípios e diretri-

---

[2] CONSELHO FEDERAL DE MEDICINA. Resolução CFM nº 1.805/06. Brasília: CFM, 2006.. Disponível em: https://sbgg.org.br/wp-content/uploads/2014/10/tratamentos-na-terminalidade-da-vida.pdf. Acesso em 10 de jul. de 2022.

[3] CONSELHO FEDERAL DE MEDICINA. Resolução CFM nº1995, de 09/08/2012. Brasília: CFM, 2012.. Disponível em: https://www.legisweb.com.br/legislacao/?id=244750. Acesso em 10 de jul. de 2022.

zes que devem ser observados pelos médicos no exercício da medicina; além da Resolução de n° 2232/2019[4], que permite ao paciente o direito de recusa à terapêutica proposta pelo médico em tratamentos eletivos[5].

Embora tais resoluções não possuam eficácia nem força de lei, são norteadoras, e podem gerar maior segurança jurídica aos médicos e direcionar o Poder Judiciário na resolução dos conflitos morais que envolvem os cuidados paliativos, conflitos que têm gerado um aumento substancial da judicialização envolvendo médicos e pacientes nos últimos anos, marcados pelo fácil acesso à exposição de casos de erros médicos pelas mídias sociais; falta de informações na relação médico-paciente quando dos procedimentos terapêuticos que ocasionam danos; assim como a repercussão de notícias usuais pautadas nas responsabilidades civil, penal e administrativa dos médicos, que muitas vezes destacam ações indenizatórias milionárias visando o ressarcimento dos prejuízos físicos, morais e estéticos sofridos.

Diante do panorama que envolve os cuidados paliativos e as normatizações que abordam maior liberdade de escolha dos pacientes em detrimento da autonomia médica, considerando ainda os crescentes conflitos judicializados, necessária se faz a abordagem das responsabilidades civil e penal dos médicos, assim como dos fundamentos e diretrizes responsáveis por maior segurança jurídica nas relações médico-paciente.

---

[4] CONSELHO FEDERAL DE MEDICINA. Resolução CFM n° 2.232 de 17/07/2019. Brasília: CFM, 2019. Disponível em: https://www.legisweb.com.br/legislacao/?id=382445. Acesso em 10 de jul. de 2022.

[5] CONSELHO FEDERAL DE MEDICINA. Código de Ética Médica: Resolução n° 2.217/2018. Brasília: CFM, 2018. Disponível em: https://cem.cfm.org.br/. Acesso em 10 de jul. de 20222.

1. RESOLUÇÕES DO CONSELHO FEDERAL DE MEDICINA SOB O PRISMA DOS CUIDADOS PALIATIVOS.

Diante da inexistência de legislação específica no ordenamento jurídico brasileiro acerca dos cuidados paliativos, o Conselho Federal de Medicina, no uso de suas atribuições e em atenção ao princípio constitucional da dignidade humana, além de diretrizes emitidas pela OMS (Organização Mundial de Saúde) a respeito da importância de práticas voltadas aos cuidados paliativos, buscou compensar as lacunas jurídicas através de Resoluções.

Os princípios que estabelecem os limites, compromissos, direitos e obrigações dos médicos no exercício da profissão estão previstos na Resolução CFM n° 2.217/2018, que revisou o Código de Ética Médica, aperfeiçoando-o com temas pertinentes às mudanças do mundo contemporâneo em estrita observância a um dos principais norteadores da medicina, o absoluto respeito ao ser humano, previsto no inciso VI:

> O médico guardará absoluto respeito pelo ser humano e atuará sempre em seu benefício, mesmo depois da morte. Jamais utilizará seus conhecimentos para causar sofrimento físico ou moral, para o extermínio do ser humano ou para permitir e acobertar tentativas contra sua dignidade e integridade (CFM, 2018).

O Código de Ética (CFM, 2018), antes mesmo da revisão efetivada, já abordava os princípios balizadores dos cuidados paliativos desde 2010, ao dispor que na tomada de decisões o médico agirá de acordo com a sua consciência e previsões legais e aceitará as escolhas de seus pacientes relativas aos procedimentos diagnósticos e terapêuticos por eles expressos, desde que adequadas ao caso e cientificamente reconhecidas, bem como nas situações clínicas irreversíveis e terminais o médico evitará procedimentos desnecessários ou ações terapêuticas obstinadas, e aplicará os cuidados paliativos apropriados ao bem-estar dos pacientes, desde que obtido o consentimento, com a sua vontade expressa do paciente, ou do seu representante legal, salvo em caso de risco iminente de morte, sendo vedado ao médico abreviar a vida do paciente, ainda que a pedido deste ou de seu representante legal.

Os cuidados paliativos foram abordados expressamente pelo Conselho Federal de Medicina na Resolução de n° 1.805/2006[6] que, ao eleger o princípio da dignidade da pessoa humana, previsto no art.1°, inciso III, da Constituição Federal, e o princípio de que ninguém será submetido a tortura nem a tratamento desumano ou degradante, disposto no art. 5°., inciso III, do mesmo diploma, entre outros, permitiu aos médicos limitar ou suspender procedimentos e tratamentos que prolonguem a vida do doente, em fase terminal, acometido de doença grave e incurável, garantindo-lhe os cuidados necessários, desde que respeitada a sua vontade expressa ou de seu representante legal, com decisão fundamentada e registrada no prontuário.

A Resolução ainda trouxe a obrigação do médico de prestar esclarecimento ao doente ou ao seu representante legal acerca das modalidades terapêuticas adequadas, assegurando ao doente solicitar uma segunda opinião médica, assim como o recebimento de todos os cuidados necessários para aliviar os sintomas que levam ao sofrimento, assegurando-lhe assistência integral, o conforto físico, psíquico, social e espiritual, inclusive o direito da alta hospitalar (CFM, 2006).

Como bem pontuado por Bomtempo (2011):

> Neste dispositivo legal observa-se que além do respeito aos direitos e garantias da dignidade da pessoa humana e da autonomia privada e liberdade, há também o direito ao acesso à informação, em sintonia com o artigo 5°, inciso XIV da Constituição, além de observar os princípios bioéticos da autonomia, beneficência, não-maleficência, e os direitos do paciente

---

6 CONSELHO FEDERAL DE MEDICINA. Resolução CFM n° 1.805/06, de 09 de nov de 2006. Diário Oficial da União; Poder Executivo, Brasília, DF, n.227,28 nov.2006, Seção 1. P.169. Disponível em: http://www.cremesp.org.br/library/modulos/legislacao/integras_pdf/RES_CFM_1805_2006.pdf. Acesso em 10.jul.2022.

ao consentimento informado e da liberdade de uma segunda opinião médica, previsto no Código de Ética Médica. Nos dispositivos da Resolução acima mencionados, pode-se antever o respeito à autonomia privada do paciente, assegurada com a informação prévia do seu estado de saúde e suas perspectivas ou não de cura. Assim, o paciente, poderá livremente escolher entre abreviar o seu estado de terminalidade ou prolongá-lo, sempre com o apoio médico e psicológico.

A citada Resolução, portanto, regulamentou no ano de 2006 a prática da ortotanásia no Brasil, que significa morte correta, a morte pelo seu processo natural, sem interferência médica. No entanto, por ter sido questionada a constitucionalidade da citada Resolução, através da Ação Civil Pública de n°2007.34.00.014809-3 ajuizada pelo Ministério Público perante a Justiça Federal do DF, a prática da ortotanásia ficou suspensa até 2010, ocasião em que foi reconhecida a sua plena validade e a sua inclusão no Código de Ética Médica.

A eficácia e legalidade da ortotanásia foi amplamente discutida nos autos da Ação Civil Pública e foi muito bem defendida pela Procuradora da República Luciana Loureiro Oliveira, cujas razões apresentadas nos autos foram aplicadas pelo magistrado Juiz Roberto Luis Luchi Demo para fundamentar a improcedência do pedido, pautada nas seguintes premissas:

> 1) o CFM tem competência para editar a Resolução n° 1805/2006, que não versa sobre direito penal e, sim, sobre ética médica e consequências disciplinares; 2) a ortotanásia não constitui crime de homicídio, interpretado o Código Penal à luz da Constituição Federal; 3) a edição da Resolução n° 1805/2006 não determinou modificação significativa no dia a dia dos médicos que lidam com pacientes terminais, não gerando, portanto, os efeitos danosos propugnados pela inicial; 4) a Resolução n° 1805/2006 deve, ao contrário, incentivar os médicos a descrever exatamente os procedimentos que adotam e os que deixam de adotar, em relação a pacientes terminais, permitindo maior transparência e possibilitando maior controle da atividade médica; 5) os pedidos formulados pelo Ministério Público Federal não devem ser acolhidos, porque não se revela-

rão úteis as providências pretendidas, em face da argumentação desenvolvida. (DF,2010)

A decisão da Ação Civil Pública[7] explorou ainda conceitos importantes para a fundamentação da legalidade da ortotanásia, ao dispor que a eutanásia, modalidade não reconhecida no Brasil e que configuraria o crime de homicídio, previsto no art. 121[8], do Código Penal, ainda que na modalidade privilegiada, é o procedimento através do qual existe a provocação da morte de paciente terminal ou portador de doença incurável, por ato de terceiro, praticado por sentimento de piedade e compaixão, para eliminar o sofrimento do doente.

A distanásia, por sua vez, seria a prática inversa da ortotanásia, pois consiste no prolongamento artificial do estado de terminalidade do paciente, diante de uma doença incurável ou da morte iminente, através de procedimentos terapêuticos aplicados pelo médico para evitar o processo natural da morte, provocando, muitas vezes, maior sofrimento ao doente, sem perspectivas de reversão. A prática de distanásia pode gerar responsabilidades cíveis e penais aos médicos, por lesão corporal, nos termos do art. 129[9] do Código Penal.

---

[7] DISTRITO FEDERAL. Juiz Roberto Luis Luchi Demo e Procuradora da República Luciana Loureiro Oliveira. Decisão em 06/12/2010. *Sentença da Ação Civil Pública n. 2007.34.00.014809-3*, da 14ª Vara Federal do Distrito Federal. Data da publicação: 09/12/2010. < https://www.conjur.com.br/dl/sentenca-resolucao-cfm-180596.pdf Acesso em: 16.jul. 2022.

[8] Art. 121 do Código Penal: matar alguém: pena de reclusão, de seis a vinte anos", no artigo 121§ 1º do Código Penal "[...] se o agente comete crime impelido por motivo de relevante valor social ou moral, ou sob o domínio de violenta emoção, logo seguida a injusta provocação da vítima, o Juiz pode reduzir a pena de um sexto a um terço. Brasil. Código Penal. Decreto Lei 2.848 de 07 de dezembro de 1940. Disponível em: http://www.planalto.gov.br/ccivil_03/decreto-lei/del2848compilado.htm. Acesso em 16.jul.2022.

[9] Art.129 do Código Penal: ofender a integridade corporal ou a saúde de outrem. Pena – detenção, de três meses a um ano. Se de natureza grave: reclusão de um a cinco anos. Se seguida de morte: reclusão de

Já no que diz respeito à ortotanásia, o médico não provoca a morte, mas ela é certa e iminente. Não há intervenção no desenvolvimento natural e inevitável da morte e tampouco a utilização de procedimentos terapêuticos para prorrogar a vida do doente, mas é obrigatório o consentimento informado do próprio paciente ou da família. Nesse caso, prevalece a autonomia da vontade do doente e não há tipificação penal.

A mistanásia, por sua vez, abordada também na decisão que conferiu legalidade à ortotanásia, conhecida como "eutanásia social", consiste na morte provocada por problemas de infraestrutura da saúde pública e por imperativos de falta de mecanismos, questão amplamente verificada durante a pandemia da covid 19, em 2020. (DF, 2010) e que pode ensejar a responsabilidade do Estado.

Convém enfatizar ainda a prática de suicídio assistido, que consiste no auxílio de um terceiro ao doente para que seja produzida a morte e a extinção do sofrimento. O tema teve enfoque ultimamente diante da notícia da opção manifestada pelo ator Alain Delon de se submeter ao procedimento na Suíça[10], país que possui a conduta legalizada desde 1940 e que pode ser praticada por quem não tem um diagnóstico terminal ou incurável. No Brasil, a intervenção configura o crime de induzimento, previsto no art. 122[11], do Código Penal.

---

quatro a doze anos. Diminuição de pena § 4º - se o agente comete o crime impelido por motivo de relevante valor social ou moral...

10 Ator Alain Delon optou por suicídio assistido na Suíça; entenda a prática... – Disponível em https://www.uol.com.br/vivabem/noticias/redacao/2022/04/04/ator-alain-delon-optou-por-suicidio-assistido-na-suica-entenda-a-pratica.htm. Acesso em 15.jul.2022.

11 Artigo 122, do Código Penal: induzir ou instigar alguém a suicidar-se ou prestar-lhe auxílio para que o faça: pena reclusão, de 6 (seis) meses a 2 (dois) anos. pena – reclusão, de 2 (dois) a 6 (seis) anos, se o suicídio se consuma; ou reclusão, de 1 (um) a 3 (três) anos, se a tentativa de suicídio resulta de lesão corporal de natureza grave. Se o crime é cometido

Portanto, diante da breve explanação das demais práticas que podem ser tipificadas penalmente, torna-se imprescindível destacar a legalidade da ortotanásia. Como bem asseverado pelo juiz Roberto Luis Luchi Demo (2010), é preciso entender que a ortotanásia se insere num contexto científico mais amplo denominado» medicina paliativa «, que representa, em verdade, uma correção de rumos e certa quebra de paradigmas da medicina tradicional.

> Não existe 100% de certeza na medicina. Assim, desejar que os médicos atuem frente a um doente terminal com absoluta certeza da inevitabilidade da morte não é um argumento válido para recusar a legitimidade da ortotanásia, porque a exigência é incompatível com o próprio exercício da Medicina, que não pode se obrigar a curar o paciente, mas pode comprometer-se a conferir-lhe a maior qualidade de vida possível, diante do seu estado e dos recursos técnicos existentes. A Resolução guerreada é, pois, uma manifestação dessa nova geração da ética nas ciências médicas, que quebra antigos tabus e decide enfrentar outros problemas realisticamente, com foco na dignidade humana (DF,2010).

A confirmação da legalidade da ortotanásia levou o CFM a formular a Resolução de n° 1.995/2012, para dispor acerca das diretivas antecipadas de vontade dos pacientes, que também recebem a denominação de testamento vital, conferindo ao paciente a possibilidade de manifestação prévia e expressa acerca de eventuais tratamentos médicos ou cuidados que deseja, ou não, se submeter, quando estiver impossibilitado ou incapacitado de exprimir sua própria vontade, notadamente em casos de doenças graves, degenerativas e irreversíveis, cujos tratamentos impliquem na redução da qualidade de vida e maior sofrimento.

A resolução em tela foi apresentada como uma forma de apoderar a ortotanásia de acordo com uma das suas principais premissas, a autonomia de vontade do paciente, e em ra-

---

contra quem não tem o necessário discernimento para a prática do ato ou não pode oferecer resistência, responde o agente por homicídio.

zão da inexistência de regulamentação do tema no contexto da ética médica brasileira. Além disso, considerou a possibilidade de eventuais mudanças no estado de saúde do doente no tempo e o impacto provocado por novos procedimentos médicos disponíveis em razão do avanço tecnológico.

É preciso enfatizar que o princípio da dignidade humana, tão bem retratado nas resoluções comentadas, foi alçado ao ápice do ordenamento jurídico com a Constituição Federal, que trouxe o direito de a pessoa ser respeitada em sua individualidade e protegida em sua essência, promovendo, assim, a autonomia existencial e a capacidade de se autodeterminar, como bem assinalam Gonçalves e Dadalto (2020).

Entretanto, essa capacidade de autodeterminação requer uma avaliação mais madura no cenário atual, em razão das múltiplas possibilidades oferecidas devido ao avanço da medicina e das relações a ela inerentes, assim como das novas situações jurídicas que se apresentam, principalmente aquelas cujos interesses personalíssimos são colocados em xeque, como as que ocorrem nas decisões de fim da vida, em que há aparente colisão entre direito à vida, à liberdade e à dignidade da pessoa humana (GONÇALVES E DADALTO, 2020).

A Resolução nº 1995/2012 também foi objeto de Ação Civil Pública, de nº 1039-86.2013.4.01.3500[12], intentada pelo Ministério Público Federal perante a 1ª Vara Federal do Estado de Goiás, em razão de questões relevantes como a prevalência das diretivas antecipadas de vontade sobre quaisquer pareceres não médicos e desejos dos familiares; extrapolação dos poderes conferidos ao CFM; lacunas relacionadas a capacidade civil do agente, limite temporal de validade das diretivas e formas de revogação, com violação à segurança jurídica, além da impossibilidade de controle da atuação médica em virtude do caráter sigiloso do prontuário.

---

[12] GO. Ação Civil Pública. Decisão 14.Mar.2012. Juiz Jesus Crisóstomo de Almeira. Disponível em: https://www.conjur.com.br/dl/liminar-resolucao-cfm-19952012.pdf. Acesso em 14.jul.2022.

Ocorre que, assim como decidido acerca da constitucionalidade da ortotanásia, o juiz responsável pela ação, Jesus Crisóstomo de Almeira, entendeu que a resolução estaria condizente com o princípio da dignidade humana por assegurar ao paciente em estado terminal o recebimento de cuidados paliativos, sem o submeter, contra a sua vontade, a tratamentos passíveis de prolongar o seu sofrimento sem benefícios, destacando, no entanto, a necessidade de serem observados os requisitos previstos no art. 104 do Código Civil, para a validade do testamento vital, como a capacidade do agente, objeto lícito, possível e determinado ou determinável, e forma prescrita ou não defesa em lei.

É importante ressalvar que as diretivas de vontade prevalecerão sobre qualquer outro parecer não médico, inclusive sobre os desejos dos familiares, ou seja, a vontade do doente expressada e registrada no prontuário médico, desde que efetivada diante da sua capacidade civil para tanto, é um ato jurídico válido, legal e eficaz, consubstanciado no princípio da autonomia da vontade, entretanto, poderão ser desconsideradas pelos médicos se não estiverem de acordo com os preceitos ditados pelo Código de Ética Médica.

Ademais, diante da inexistência de testamento vital efetivado pelo doente, bem como de representante legal ou familiares disponíveis e com consenso na decisão, o médico deverá recorrer ao Comitê de Bioética da instituição, ou à Comissão de Ética Médica do hospital ou ao Conselho Regional e Federal de Medicina para fundamentar sua decisão sobre conflitos éticos, se entender necessário.

A valorização da autonomia da vontade na relação médico-paciente, assim como os conflitos envolvendo as diretivas antecipadas de vontade, a ausência delas, bem como a necessidade de maior guarida aos médicos para reverter o processo de judicialização das condutas médicas, motivaram o Conselho Federal de Medicina a gerar a Resolução n° 2.232/2019, com a normatização da recusa terapêutica por parte de pacientes, bem como da objeção de consciência na relação médico-paciente.

A motivação para tal regulamentação fica clara nas considerações dos dispositivos estabelecidos, com grande destaque para o princípio constitucional da dignidade humana; a exclusão da tipicidade do crime de constrangimento legal[13], previsto no Código Penal; as premissas da capacidade civil, da autonomia da vontade e do abuso de direito, além das diretivas antecipadas de vontade, entre outros, para assegurar ao paciente maior de idade, capaz e em plenas condições das suas faculdades mentais, desde que informado dos riscos e das consequências previsíveis de sua decisão, o direito de recusa à terapêutica proposta em tratamento eletivo.

A recusa terapêutica deve ser registrada e poderá ser recusada pelo médico se constatado abuso de direito, caracterizado por risco à saúde de terceiros ou exposição da população a risco de contaminação, ou abuso de direito de gestante em relação ao feto.

O mesmo direito não é assegurado aos menores de idade ou aos adultos sem lucidez, mesmo que representados ou assistidos por terceiros, em situações de risco relevante à saúde. E, em caso de discordância insuperável, caberá ao médico comunicar o fato às autoridades competentes, visando o melhor interesse do paciente.

No entanto, a mesma Resolução prevê que é permitida ao médico a objeção de consciência, que consiste no direito de se abster do atendimento diante da recursa terapêutica do paciente, não realizando atos que sejam contrários aos ditames de sua consciência, com exceção de casos de urgência e

---

[13] Art. 146 do Código Penal: Constranger alguém, mediante violência ou grave ameaça, ou depois de lhe haver reduzido, por qualquer outro meio, a capacidade de resistência, a não fazer o que a lei permite, ou a fazer o que ela não manda. Pena: Detenção de três meses a um ano, ou multa. §3º - Não se compreendem na disposição deste artigo: Inciso I: a intervenção médica ou cirúrgica, sem o consentimento do paciente ou de seu representante legal, se justificada por iminente perigo de vida;

emergência, ausência de outro médico, ou se a interrupção causar danos previsíveis à saúde do paciente, devendo ser preservada a vida do paciente.

O artigo 15 do Código Civil, bem antes da publicação da Resolução, já havia regulamentado a autodeterminação do paciente ao estabelecer que "ninguém pode ser constrangido a submeter-se, com risco de vida, a tratamento médico ou intervenção cirúrgica", evidenciando o direito à recusa terapêutica, amparado também pelo Código de Ética Médica. No entanto, a citada Resolução gerou inúmeras controvérsias e movimentos para a declaração da sua inconstitucionalidade e exclusão do conteúdo relacionado ao abuso de direito da gestante, por vedar a autonomia das mulheres.

Para a proteção do direito das gestante foi ajuizada Ação Civil Pública pelo Ministério Público Federal contra o Conselho Federal de Medicina, de nº 5021263-50.2019.4.03.6100, perante a 8ª Vara Cível Federal de São Paulo – SP, sob o fundamento de que a resolução seria contrária ao princípio bioético da autonomia, impedindo a tomada de decisões pela gestante, por infringir o direito personalíssimo ao próprio corpo, o princípio da legalidade e o sigilo médico, entre outros, tendo sido o pedido liminar acatado pelo juiz Hong Kou Hen, em 17/12/2019[14], para suspender o § 2º do art. 5º[15] e parcialmente os artigos 6º e 10º[16], estes somente em relação

---

[14] BRASIL, TRF3, Ação Civil Pública nº 5021263-50.2019.4.03.6100 / 8ª Vara Cível Federal de São Paulo, decisão liminar em 17/12/2019. Disponível em www.migalhas.com.br/arquivos/2019/12/3A097A4116BD54_liminar20-12-19-cfm.pdf. Acesso em 16.jul.2022.

[15] § 2º do art. 5º da Resolução CFM nº 2.232/2019: A recusa terapêutica manifestada por gestante deve ser analisada na perspectiva do binômio mãe/feto, podendo o ato de vontade da mãe caracterizar abuso de direito dela em relação ao feto.

[16] Art. 6º Resolução CFM nº 2.232/2019: O médico assistente em estabelecimento de saúde, ao rejeitar a recusa terapêutica do paciente, na forma prevista nos artigos 3º e 4º desta Resolução, deverá registrar o fato no prontuário e comunicá-lo ao diretor técnico para que este tome as

à assistência e atendimento ao parto, determinando que apenas o risco de vida ou saúde da gestante ou do feto poderá justificar o afastamento da escolha terapêutica pela gestante.

A decisão foi pautada no critério "risco de vida" como único limitador ao direito de liberdade de escolha do paciente, citando como exemplos as proteções contidas no art. 15 do Código Civil, art.17, § único, III, da Lei 10.741/2003 (Estatuto do Idoso)[17] e os artigos 135 e 146 do Código Penal[18], bem como na liberdade de escolha terapêutica, prevista na Lei nº

---

providências necessárias perante as autoridades competentes, visando assegurar o tratamento proposto e art. 10º: Na ausência de outro médico, em casos de urgência e emergência e quando a recusa terapêutica trouxer danos previsíveis à saúde do paciente, a relação com ele não pode ser interrompida por objeção de consciência, devendo o médico adotar o tratamento indicado, independentemente da recusa terapêutica do paciente.

17 ———, LEI N 10.741, DE 1º DE OUTUBRO DE 2003. Dispõe sobre o Estatuto do Idoso. Disponível em: www.planalto.gov.br/ccivil_03/Leis/2003/L10.741.htm. Acesso em 17.jul.2022

Art. 17. Ao idoso que esteja no domínio de suas faculdades mentais é assegurado o direito de optar pelo tratamento de saúde que lhe for reputado mais favorável.

Parágrafo único. Não estando o idoso em condições de proceder à opção, esta será feita:

II – pelo médico, quando ocorrer iminente risco de vida e não houver tempo hábil para consulta a curador ou familiar;

18 ———. Código Penal. Decreto Lei 2.848 de 07 de dezembro de 1940. Disponível em: http://www.planalto.gov.br/ccivil_03/decreto-lei/del2848compilado.htm. Acesso em 16.jul.2022.

Art. 135. Deixar de prestar assistência, quando possível fazê-lo sem risco pessoal, à criança abandonada ou extraviada, ou à pessoa inválida ou ferida, ao desamparo ou em grave e iminente perigo; ou não pedir, nesses casos, o socorro da autoridade pública.

Art. 146 - Constranger alguém, mediante violência ou grave ameaça, ou depois de lhe haver reduzido, por qualquer outro meio, a capacidade de resistência, a não fazer o que a lei permite, ou a fazer o que ela não manda: [...] § 3º - Não se compreendem na disposição deste artigo: I - a intervenção médica ou cirúrgica, sem o consentimento do paciente ou

8.080/90, que regulamenta o SUS[19]; no artigo 17 do Código do Idoso, no artigo 39, inciso IV do Código de Defesa do Consumidor[20] e no Código de Ética Médica.

Diante dos inúmeros questionamentos relacionados ao incontroverso direito da gestante, o CFM reforçou que a Resolução não diz respeito à saúde materna, mas sim à recusa terapêutica do paciente maior de idade, capaz, lúcido e consciente, no momento da decisão, em tratamento eletivo, afastando qualquer ilegalidade quanto aos seus termos, com exceção das suspensões determinadas na Ação Civil Pública, relacionadas ao direito das gestantes, que ainda aguardam julgamento final.

Mas, se as Resoluções emitidas pelo CFM são claras, expressas e legais, norteadoras inclusive de decisões do Poder Judiciário, por qual motivo o Brasil se vê diante do aumento dos conflitos na relação médico-paciente-hospital-Estado e na sistemática busca pela criminalização dos médicos? Quando são geradas as responsabilidades médicas?

---

de seu representante legal, se justificada por iminente perigo de vida; II - a coação exercida para impedir suicídio.

[19] ———. Lei nº 8.080, de 10 de setembro de 1990, Dispõe sobre as condições para a promoção, proteção e recuperação da saúde, a organização e o funcionamento dos serviços correspondentes e dá outras providências (SUS) Disponível em https://www.planalto.gov.br/ccivil_03/LEIS/L8080.htm. Acesso em 16.jul.2022

Art. 7º As ações e serviços públicos de saúde e os serviços privados contratados ou conveniados que integram o Sistema Único de Saúde (SUS), são desenvolvidos de acordo com as diretrizes previstas no art. 198 da Constituição Federal, obedecendo ainda aos seguintes princípios: ... III - preservação da autonomia das pessoas na defesa de sua integridade física e moral.

[20] ———. Lei 8.078/90, Código de Proteção e Defesa do Consumidor. Disponível em: www.planalto.gov.br/ccivil_03/Leis/L8078compilado.htm. Acesso em 16. Jul. 2022.

Art. 39. É vedado ao fornecedor de produtos ou serviços, dentre outras práticas abusivas: IV - prevalecer-se da fraqueza ou ignorância do consumidor, tendo em vista sua idade, saúde, conhecimento ou condição social, para impingir-lhe seus produtos ou serviços;

Não se pode perder de vista que o avanço da medicina e a consagração da autonomia da vontade dos pacientes acabou por dificultar o exercício da própria autonomia médica, fato que por si só pode ser gerador de vários conflitos.

Mas são os danos sofridos por pacientes em consequência de práticas terapêuticas e procedimentos médicos, ocasionados pelo próprio risco do procedimento ou por efetivos erros médicos, que geram as consequentes responsabilidades civil, penal e administrativa, principais motivadoras do aumento da judicialização na saúde.

De acordo com o CNJ (Conselho Nacional de Justiça), através de pesquisa realizada com escopo na judicialização na área da saúde no Brasil[21], a cada ano aumenta o número de casos na Justiça, com o registro de mais de 2,5 milhões de processos entre os anos de 2015 e 2020.

2. DA RESPONSABILIDADE CIVIL DO MÉDICO

A responsabilidade médica está atrelada ao ato ilícito, proibido por lei, cometido mediante conduta voluntária de ação ou omissão violadora de direito, que causa prejuízo a outrem, e que pode possuir desdobramentos nas esferas cível, penal e administrativa.

> "Há três diferentes órbitas de responsabilização dos atos ilícitos. No plano criminal, os delitos (crimes ou contravenções) são punidos com penas privativas de liberdade. No administrativo, as infrações punem-se com multa e medidas satisfativas (fechamento de atividade, remoção de bens etc.). No âmbito civil, sancionam-se as condutas culposas pela imposição ao autor do dano da obrigação de indenizá-lo." (Coelho, 2020)

Para a caracterização da responsabilidade civil, exige-se a conduta voluntária, o dano injusto e o nexo causal. A responsabilidade do médico é subjetiva, definida expressamente no

---

[21] CNJ. Pesquisa Judicialização da saúde. Disponível em: www.cnj.jus.br/judicializacao-da-saude-pesquisa-aponta-demandas-mais-recorrentes/. Acesso em 17.jul.2022.

§4°, do art. 14[22], do Código de Defesa do Consumidor (BRASIL, 1990), que regulamenta a relação médico-paciente, calcada na culpa stricto sensu (imperícia, negligência ou imprudência), sendo a extensão dos danos a medida da indenização, a qual poderá ser reduzida se houver excessiva desproporção entre o grau da culpa e a magnitude do dano, de acordo com o art. 944, § único, do Código Civil (Neto, 2021).

Coelho (2020) destaca que a culpa pode ser intencional, configurada por dolo do agente, quando o ato é praticado com o objetivo de causar prejuízo a outrem (dolo direto) ou quando assumido o risco consciente de causá-lo (dolo indireto). Por outro lado, a culpa por atos não intencionais abrange a negligência, conduta omissiva pautada na falta de cuidado; a imprudência, traduzida pela ação precipitada e sem cautela; e a imperícia, consubstanciada na inaptidão, falta de qualificação técnica e ausência de conhecimentos profissionais.

> A culpabilidade somente pode ser presumida na hipótese de ocorrência de erro grosseiro, de negligência ou de imperícia, devidamente demonstrados. Se os profissionais se utilizaram de sua vasta experiência e dos meios técnicos indicados, com os habituais cuidados pré e pós-operatórios, somente uma prova irretorquível poderá levar à indenização pleiteada. Não tendo sido demonstrado o nexo causal entre a cirurgia e o evento morte, correta esteve a sentença dando pelo improvimento da ação. (Neto, 2021)

O médico tem, pela natureza de suas funções, obrigações de meio e não pode ser responsabilizado pela cura do paciente, mas tão somente pela correta adoção dos procedimentos recomendados pela medicina, haja vista que muito fatores podem influenciar o resultado esperado, razão pela qual lhe foi atribuída a responsabilidade subjetiva.

A responsabilidade objetiva, por sua vez, é pautada na teoria do risco, pois exige apenas a existência do dano e do nexo de causalidade, independentemente da culpa, restando

---

[22] § 4°, do art 14, do CDC: A responsabilidade pessoal dos profissionais liberais será apurada mediante a verificação de culpa.

previsto o ressarcimento do dano quando a atividade desenvolvida pelo agente implicar, por sua natureza, risco para os direitos de outrem, como estabelece o § único do art. 927 do Código Civil (BRASIL, 2002).

Ocorre que, em que pese a responsabilidade subjetiva do médico, há entendimentos de que a obrigação do profissional médico também pode ser de resultado, de modo que a jurisprudência e a doutrina brasileira entendem que nos casos de cirurgia plástica estética, embelezadora (não a cirurgia plástica reparadora), se caracteriza a obrigação de resultado, pois o médico na relação de prestação de serviço se compromete a alcançar o resultado estético pretendido pelo paciente (Pegoraro, 2020).

Para Simonelli (2019), advogado especialista em Direito Médico, a responsabilidade objetiva veio a tona por conta da "medicina estética", pois o dano seria proveniente de um serviço defeituoso, sob a ótica do Código de Defesa do Consumidor, que prevê em seu artigo 14 que "o fornecedor de serviços responde independentemente da existência de culpa pela reparação dos danos causados aos consumidores por defeitos relativos à prestação dos serviços bem como por informações insuficientes ou inadequadas sobre sua fruição e riscos."

Existe ainda a responsabilidade objetiva do hospital público, que deverá assumir a reparação por danos ocasionados por médicos, no exercício da profissão, nas dependências do hospital, cabendo ação regressiva contra o médico responsável.

Na esfera dos cuidados paliativos, a responsabilidade médica repousa no estatuto da culpa, cabendo à vítima provar o dolo ou culpa do agente na conduta questionada, para obter a reparação do dano, desde que comprovado e ocasionado pelo nexo de causalidade entre a conduta do médico e o prejuízo sofrido, como previsto nos arts. 186[23] e 951[24] do Código Civil (BRASIL, 2002), podendo haver, de acordo com a verossimilhança das alegações da vítima e devido à complexidade dos procedimentos médicos, a inversão do ônus probatório, com base na codificação de proteção consumerista (CDC, art 6º[25], VIII) (BRASIL, 1990), podendo o juiz determinar que o médico comprove a ausência da sua responsabilidade pelo dano sofrido.

É de rigor a análise detalhada e a confirmação dos elementos obrigatórios caracterizadores da responsabilidade civil e do dever de indenizar: a conduta do agente (ação ou omissão), o nexo causal (relação de causalidade entre o dano e a conduta que o gerou) e principalmente o dano (prejuízo passível de ressarcimento), pois sem o dano não há reparação, além da comprovação da culpa, exigível na responsabilidade civil subjetiva.

As responsabilidades contratual e extracontratual também devem ser avaliadas em se tratando do tema dano e reparação. A contratual pressupõe a existência prévia de um contrato estabelecido livremente entre o paciente e o profissional, normalmente de natureza da medicina privada e firmado de forma tácita na relação médico-paciente, enquanto na extracontratual as relações médico-paciente são geradas em hospitais, usualmente em serviços de emergência.

---

[23] Art. 186. Aquele que, por ação ou omissão voluntária, negligência ou imprudência, violar direito e causar dano a outrem, ainda que exclusivamente moral, comete ato ilícito.

[24] Art. 951. O disposto nos arts. 948, 949 e 950 aplica-se ainda no caso de indenização devida por aquele que, no exercício de atividade profissional, por negligência, imprudência ou imperícia, causar a morte do paciente, agravar-lhe o mal, causar-lhe lesão, ou inabilitá-lo para o trabalho.

[25] Art. 6º São direitos básicos do consumidor:
VIII - a facilitação da defesa de seus direitos, inclusive com a inversão do ônus da prova, a seu favor, no processo civil, quando, a critério do juiz, for verossímil a alegação ou quando for ele hipossuficiente, segundo as regras ordinárias de experiências;

> Na responsabilidade contratual, o autor da ação tem uma certa facilidade em comprovar a existência do contrato, o fato do inadimplemento e o dano com o nexo de causalidade. Cabe ao réu, noutra via, demonstrar que o dano decorreu de uma causa estranha – as chamadas excludentes de ilicitude. A prova está lastreada no próprio contrato e da quebra daquilo que foi estabelecido entre as partes. Se há um contrato de prestação de serviços médicos e este não é cumprido a contento, basta que se comprove a quebra contratual. Na responsabilidade extracontratual, também chamada de delituosa, cabe ao autor da ação provar a imprudência, a negligência ou imperícia do causador do dano. Se o autor não provar estes elementos caracterizadores da culpa, o réu se isenta de responder pela indenização. (Simonelli, 2022)

Em se tratando de cuidados paliativos, convém avaliar eventual responsabilidade civil do médico em razão da ausência de intervenção para o prolongamento artificial do processo natural de morte do paciente em estado terminal, caso seja efetivada a morte em decorrência do avanço da doença, por escolha do paciente.

A responsabilidade civil e pessoal do médico, como já exposto, pressupõe dano causado por negligência, imprudência ou imperícia, no exercício da atividade médica, desde que comprovada a sua culpa, ou seja, se o profissional se afastou dos princípios e deveres que norteiam a sua conduta médica e não observou as diretrizes para a prática da ortotanásia, havendo nexo causal entre esta e o dano, responderá por eventual prejuízo.

No entanto, se a ortotanásia, reconhecida pelo ordenamento jurídico brasileiro ao ser declarada legal e constitucional em decisão proferida nos autos de Ação Civil Pública, tem como finalidade a preservação da dignidade de quem está sofrendo, de acordo com a sua vontade expressa registrada em seu prontuário, não há que se falar em ofensa à vida e tampouco em culpa do médico pelo resultado obtido devido à interrupção do tratamento, se os requisitos formais do procedimento foram cumpridos.

Importante ainda, em se tratando de responsabilidade civil médica, abordar as excludentes de responsabilidade, que desqualificam um ou mais elementos ensejadores da obrigação de reparar o dano, como a culpa exclusiva do paciente, disposta no art. 14, § 3°, do Código de Defesa do Consumidor; fato de terceiro (comportamento de pessoa estranha à relação médico-paciente); o estado de necessidade; exercício regular de um direito; estrito cumprimento do dever legal, caso fortuito (evento da natureza) e força maior (conduta humana inesperada), eventos imprevisíveis e inevitáveis, e fato da técnica (limitação da técnica médica que, muito embora predominantemente benéfica, aprovada pela comunidade científica e corretamente executada, pode ocasionar dano ao paciente).[26]

No mesmo sentido, as causas de redução da indenização, como a aplicação da regra do dano evitável, prevista no art. 403 do Código Civil, que dispõe "Ainda que a inexecução resulte de dolo do devedor, as perdas e danos só incluem os prejuízos efetivos e os lucros cessantes por efeito dela direto e imediato, sem prejuízo do disposto na lei processual", pois pressupõe que a não submissão do paciente ao tratamento médico exigível, por omissão ou recusa, possa causar o dano sofrido, por sua própria culpa, fato que pode ensejar a redução e até mesmo a exclusão da indenização relativa ao dano que poderia ter sido evitado.

Mas, como assevera Dias (2020), em termos de causalidade, a não realização do tratamento tem de ter sido efetivamente a condição sem a qual o dano ou seu agravamento não teria ocorrido. E, em termos de imputação objetiva, na ocorrência ou agravamento do dano, tem de ter se realizado precisamente o risco que deveria ter sido evitado pela realização do tratamento." (Dias, 2020).

---

[26] Filho, Elias K. O fato da técnica: excludente da responsabilidade civil do médico. 201. Disponível em: https://www.revistas.usp.br/rdisan/article/view/63998/66737

Ademais, é possível o reconhecimento da culpa concorrente do paciente, conforme previsto no art. 945[27], do Código Civil, como julgado pelo Tribunal de Justiça de São Paulo[28], ao reconhecer que a conduta desidiosa do paciente contribuiu de modo determinante para o agravamento do seu estado de saúde, gerando a redução do valor indenizatório, porém o Art. 945 do CC incidiria apenas no caso de concurso da vítima para o próprio ato ilícito.

Nos casos de tratamentos com risco de vida, convém destacar a previsão contida no art. 15 do Código Civil, tratada também na Resolução nº 2.232/2019, que dispõe acerca da recusa terapêutica por parte de pacientes. Sob tal enfoque, a exigibilidade de determinado tratamento não implicaria em intervenção médica compulsória ou constrangimento físico, pois a única consequência seria a exclusão da indenização pelo dano que poderia ter sido evitado com o tratamento (Dias, 2020).

Em termos de responsabilidade civil, é importante frisar que o médico responderá pelos danos causados no exercício da profissão, ainda que não tenha tido a intenção de cometê-los, caso seja comprovado que a sua conduta gerou o prejuízo sofrido pelo paciente, seja por imprudência, imperícia ou negligência.

De acordo com Conselho Federal de Medicina (CFM), o erro médico é considerado como o dano provocado no paciente pela ação ou inação do médico, no exercício da profissão, sem a intenção de cometê-lo, previsto expressamente no Código de Ética Médica, no art. 1°, do Capítulo III, é vedado ao médico, "causar dano ao paciente, por ação ou omissão, caracterizável como imperícia, imprudência ou negligência.

---

[27] *Art. 945.* Se a vítima tiver concorrido culposamente para o evento danoso, a sua indenização será fixada tendo-se em conta a gravidade de sua culpa em confronto com a do autor do dano. Código Civil Brasileiro.

[28] TJSP; Apelação 9193711-70.2007.8.26.0000: relator Osni de Souza:8ª Câmara de Direito Público: 02/02/2011.

Dessa forma, no que diz respeito aos procedimentos inerentes aos cuidados paliativos, a conduta médica deve ser pautada nas obrigações, orientações e deveres previstos no Código de Ética Médica, assim como nas normas contidas nas resoluções expedidas pelo CFM.

O médico deve atuar com perícia, diligência e prudência e criar uma relação médico-paciente de confiança. Como diretriz para a prática da ortotanásia, deve cumprir o dever de informação clara acerca das modalidades terapêuticas adequadas, assegurar ao doente a possibilidade de solicitar uma segunda opinião médica e garantir assistência integral ao doente. No mesmo sentido, deve se resguardar através do registro do consentimento informado expresso no prontuário do paciente e atestar a legalidade da representação legal do paciente, se for o caso.

Em se tratando de diretivas antecipadas de vontade, deverá o médico se certificar da legalidade das diretivas e se estão em consonância com o Código de Ética Médica, assim como atestar a capacidade do doente e do documento com a vontade expressa, registrando-a no prontuário.

É imprescindível que todos os riscos relacionados às decisões e liberdade de escolha do paciente sejam comunicados e registrados pelo médico.

3. DA RESPONSABILIDADE DO MÉDICO NA ESFERA PENAL

A responsabilidade do médico no âmbito penal é cabível caso a sua conduta seja tipificada como crime no Código Penal Brasileiro vigente.

Enquanto a responsabilidade civil decorre do descumprimento de uma obrigação, a responsabilidade penal se origina na violação de uma norma pública, que regula bens jurídicos indisponíveis como a vida, a liberdade e a integridade física, caracterizando crime ou contravenção penal. Ademais, a responsabilidade civil é independente da criminal, não se podendo questionar mais sobre a existência do fato, ou sobre quem seja o seu autor, quando estas questões se acharem decididas no juízo criminal (CC, art. 935) (Coelho, 2020).

Assim como na esfera cível, a conduta médica pode ser dolosa ou culposa, restando a responsabilidade penal relacionada ao erro médico pautada na culpa, decorrente da atuação médica com negligência, imperícia e imprudência, como preceitua o art. 13 do Código Penal, ao dispor que o resultado, de que depende a existência do crime, somente é imputável a quem lhe deu causa. Considera-se causa a ação ou omissão sem a qual o resultado não teria ocorrido." (BRASIL, 1940).

No que diz respeito à ortotanásia, prevista e tratada na Resolução de n° 1.805/2006, como já abordado inicialmente, não há que se falar em crime, muito menos de homicídio, já que o médico, mediante consentimento informado do paciente, diga-se, em estado terminal e com doença irreversível, cessa o tratamento considerado inútil ou obstinado, como bem destaca Martinelli (2010).

> ... não se pode sequer cogitar responsabilidade penal do médico pela morte do doente terminal. São vários os argumentos. Primeiro, o dolo no homicídio é de "matar alguém", que implica consciência e vontade de atingir o bem jurídico, vida. Aqui, o dolo do médico é encurtar o sofrimento de alguém que solicitou a própria morte, ou melhor, dar as condições mínimas de dignidade a quem se encontra em situação extremamente frágil. A conduta motivada por um motivo nobre, portanto, é fato atípico. Segundo, na ponderação de valores, entre a mera vida biológica e a vida digna, esta pode prevalecer sobre aquela. A mera vida biológica pode ser sacrificada quando seu titular não se sentir mais digno de viver no sofrimento. Configura-se o estado de necessidade, capaz de excluir a antijuridicidade do fato. Terceiro, diante do sofrimento agudo do doente terminal, e quando este ou seu representante não desejarem mais o tratamento considerado inútil, não se poderia exigir outra conduta do médico, a não ser respeitar o desejo de quem não aguenta mais a dor insustentável (exclusão de culpabilidade). Finalmente, ninguém sabe o que é melhor para si mesmo do que a

própria pessoa. Se a vida envolvida por medicamentos, dores, angústia, aflição não for mais desejada, não há autoridade que possa decidir de maneira diferente dos sentimentos do indivíduo aflito. (Martinelli, 2010).

Ademais, convém destacar que a ortotanásia foi declarada legal e constitucional através de decisão proferida em Ação Civil Pública, em total observância aos princípios constitucionais da dignidade humana e da autonomia da vontade, e é amparada pelo Código de Ética Médica, afastando a tipicidade da conduta.

O próprio Código de Ética Médica reforça que a suspensão de tratamento na fase de terminalidade da vida, de acordo com a vontade do paciente ou do seu representante legal, não se confunde com abreviar a vida ou provocar a morte, o que é vedado em todas as áreas do nosso ordenamento jurídico:

> É vedado ao médico: (...) Art. 41. Abreviar a vida do paciente, ainda que a pedido deste ou de seu representante legal. Parágrafo único. Nos casos de doença incurável e terminal, deve o médico oferecer todos os cuidados paliativos disponíveis sem empreender ações diagnósticas ou terapêuticas inúteis ou obstinadas, levando sempre em consideração a vontade expressa do paciente ou, na sua impossibilidade, a de seu representante legal. (CFM, 2018)

No mesmo sentido, não há que se falar na tipicidade do crime de omissão de socorro, previsto no at. 135 do Código Penal, pois não há omissão do médico, ao contrário, há atenção à vontade expressa do paciente e conduta ativa do médico ao proporcionar os cuidados paliativos para a melhora da qualidade de vida do paciente, evitando maior sofrimento através de condutas terapêuticas desnecessárias.

Na eutanásia, por outro lado, existe a provocação da morte do paciente, ainda que para eliminar o sofrimento do doente em estado terminal, em que pese tal prática não esteja prevista no ordenamento jurídico brasileiro, configura o crime de homicídio, tipificado no art. 121, do Código Penal, ainda que na modalidade privilegiada.

Quanto a distanásia, que consiste no prolongamento artificial do estado de terminalidade do paciente e é um procedimento utilizado no Brasil, cuja prática acabou por provocar inclusive o reconhecimento da ortotanásia, pode gerar responsabilidade penal ao médico, por lesão corporal, nos termos do art. 129 do Código Penal, devido às sequelas que podem advir do prolongamento de práticas terapêuticas, que podem agravar o sofrimento do paciente.

Em se tratando da normatização que prevê o direito de recusa terapêutica por parte dos pacientes, convém alertar que a própria Resolução de nº 2.232/2019 destacou a exclusão da tipicidade do crime de constrangimento ilegal, por não ser aplicável nos casos de intervenção médica ou cirúrgica, sem o consentimento do paciente ou de seu representante legal, se justificada por iminente perigo de vida, como previsto no § 3º, inciso I, do art. 146 do Código Penal.

4. CONCLUSÃO

É possível concluir, diante da análise da evolução dos cuidados paliativos através das normatizações previstas nas Resoluções expedidas pelo Conselho Federal de Medicina, que o foco na integralidade humana, na sua dignidade e na sua autonomia, trouxe diversos desafios médicos relacionados às condutas até então praticadas na relação médico-paciente. Ao mesmo tempo em que se buscou tutelar os direitos dos pacientes, vinculados às situações de doenças em estados terminais e irreversíveis, houve uma preocupação em amparar as condutas médicas atreladas às novas práticas, a fim de evitar responsabilizações cíveis, penais e administrativas.

Infelizmente o ordenamento jurídico brasileiro ainda não se adequou às transformações vividas na área médica, e as lacunas legais existentes precisam ser preenchidas com urgência para reduzir os conflitos oriundos do avanço das terapêuticas médicas, cabendo alertar a crescente judicialização na área da saúde em razão do aumento dos erros médicos nas mais diversas manifestações terapêuticas, bem como da maior consciência dos pacientes acerca das implicações resultantes de danos sofridos em procedimentos médicos.

A responsabilidade civil, penal e administrativa do médico está atrelada à não observância das práticas médicas com diligência, perícia e prudência, bem como do cumprimento dos requisitos legais e formais que autorizam os procedimentos, como o dever de informação e registro das possibilidades de tratamento médico ao paciente, assim como dos riscos envolvidos, além dos registros médicos nos prontuários dos pacientes, obrigatórios nos procedimentos atrelados principalmente à fase de terminalidade da vida e aos cuidados paliativos.

Embora exista a possibilidade de situações adversas mudarem o curso dos tratamentos aplicados aos pacientes, em qualquer modalidade terapêutica, se o médico atua de acordo com os ditames previstos no Código de Ética Médica e com as normas abordadas nas Resoluções do Conselho Federal de Medicina, conseguirá certamente afastar responsabilizações indevidas.

REFERÊNCIAS BIBLIOGRÁFICAS

BOMTEMPO, Tiago Vieira. Resolução n. 1.805/2006 do conselho federal de medicina: efetivação do direito de morrer com dignidade. Âmbito Jurídico.01.jun.2011. Disponível em: https://ambitojuridico.com.br/cadernos/direito-administrativo/resolucao-n-1-805-2006-do-conselho-federal-de-medicina-efetivacao-do-direito-de-morrer-com-dignidade/.Acesso em 16.jul.2022.

BRASIL. Constituição (1988). Constituição da República Federativa do Brasil. Brasília, DF: Senado Federal: Centro Gráfico, 1988.

———. Lei nº 10.406, de 10 de janeiro de 2002. Institui o Código Civil.

———. Decreto – Lei nº 2.848, de 7 de dezembro de 1940. Institui o Código Penal.

─────. Lei 8.078, de 11 de setembro de 1990. Código de Proteção e Defesa do Consumidor, que dispõe sobre a proteção do consumidor e dá outras providências.

CONSELHO FEDERAL DE MEDICINA. Resolução CFM n° 1.805/06, de 09 de novembro de 2006. Diário Oficial da União; Poder Executivo, Brasília, DF, n.227,28 nov.2006, Seção 1. P.169. Disponível em: http://www.cremesp.org.br/library/modulos/legislacao/integras_pdf/RES_CFM_1805_2006.pdf. Acesso em 10.jul.2022.

─────. Resolução CFM n° 1.805/06. Brasília: CFM, 2006. Estabelece que na fase terminal de enfermidades graves e incuráveis, é permitido ao médico limitar ou suspender procedimentos e tratamentos que prolonguem a vida do doente, garantindo-lhe os cuidados necessários para aliviar os sintomas que levam ao sofrimento, na perspectiva de uma assistência integral, respeitada a vontade do paciente ou seu representante legal. Disponível em: https://sbgg.org.br/wp-content/uploads/2014/10/tratamentos-na-terminalidade-da-vida.pdf. Acesso em 10 de jul. de 2022.

─────. Resolução CFM n°1995, de 09/08/2012. Brasília: CFM, 2012. Dispõe sobre as diretivas antecipadas de vontade dos pacientes. Disponível em: https://www.legisweb.com.br/legislacao/?id=244750. Acesso em 10 de jul. de 2022.

─────. Resolução CFM n° 2.232 de 17/07/2019. Brasília: CFM, 2019. Estabelece normas éticas para a recusa terapêutica por pacientes e objeção de consciência na relação médico-paciente. Disponível em: https://www.legisweb.com.br/legislacao/?id=382445. Acesso em 10 de jul. de 2022.

─────. Código de Ética Médica: Resolução n° 2.217/2018. Brasília: CFM, 2018. Disponível em: https://cem.cfm.org.br/. Acesso em 10 de jul. de 20222.

COELHO, Fábio. Capítulo 22. Responsabilidade Civil Subjetiva - Terceira Parte - Responsabilidade Civil In: COELHO, Fábio. Curso de Direito Civil - Vol. 2 - Ed. 2020. São Paulo (SP):Editora Revista dos Tribunais. 2020. Disponível em: https://thomsonreuters.jusbrasil.com.br/doutrina/1153089032/curso-de-direito-civil-vol-2-ed-2020. Acesso em: 23 de julho de 2022.

DIAS, Daniel. 13. Submissão a Tratamento Médico In: DIAS, Daniel. Mitigação de Danos na Responsabilidade Civil - Ed. 2020. São Paulo (SP):Editora Revista dos Tribunais. 2020. Disponível em: https://thomsonreuters.jusbrasil.com.br/doutrina/1201072766/mitigacao-de-danos-na-responsabilidade-civil-ed-2020. Acesso em: 24 de julho de 2022.

GONSALVES, Nathalia; DADALTO, Luciana. Capítulo 12. Testamento Vital e Responsabilidade Civil In: NETO, Miguel; NOGAROLI, Rafaella. Debates Contemporâneos em Direito Médico e da Saúde - Ed. 2020. São Paulo (SP):Editora Revista dos Tribunais. 2020. Disponível em: https://thomsonreuters.jusbrasil.com.br/doutrina/1147600415/debates-contemporaneos-em-direito-medico-e-da-saude-ed-2020. Acesso em: 18 de julho de 2022.

DISTRITO FEDERAL. Juiz Roberto Luis Luchi Demo e Procuradora da República Luciana Loureiro Oliveira. Decisão em 06/12/2010. Sentença da Ação Civil Pública n. 2007.34.00.014809-3, da 14ª Vara Federal do Distrito Federal. Data da publicação: 09/12/2010. < https://www.conjur.com.br/dl/sentenca-resolucao-cfm-180596.pdf Acesso em: 16.jul. 2022.

NETO, Miguel. Responsabilidade Civil do Médico - Ed. 2021. São Paulo (SP):Editora Revista dos Tribunais. 2021. Disponível em: https://thomsonreuters.jusbrasil.com.br/doutrina/1394829964/responsabilidade-civil-do-medico-ed-2021. Acesso em: 18 de Julho de 2022.

PEGORARO, Geizy Hellen. A Responsabilidade Civil e Penal do Médico em face dos Institutos da Eutanásia, Ortotanásia e da Distanásia. 2020. Disponível em: https://rdu.unicesumar.edu.br/handle/123456789/6398. Acesso em: 24/07/2022.

SIMONELLI, Osvaldo. 2019. A Responsabilidade Civil do Médico. Disponível em: https://osvaldosimonelli.com.br/a-responsabilidade-civil-do-medico/. Acesso em 24.jul.2022.

Martinelli, João Paulo Orsini. O novo Código de Ética Médica e seus reflexos penais, 01/08/2010. IBCCRIM. Disponível em: www.ibccrim.org.br/noticias/exibir/5078/. Acesso em 24.jul.2022.

ANÁLISE SOBRE O DOCUMENTÁRIO "END GAME": ENTRE A TERMINALIDADE E A DIGNIDADE

PRISCILA DEMARI BARUFFI[1]

INTRODUÇÃO

O documentário intitulado "End Game" (2018) ou, em português, A Partida Final do streaming Netflix, posiciona o telespectador para acompanhar casos que ocorrem dentro de um Hospital e em um Hospice em um departamento de Cuidados Paliativos através da participação de uma equipe multidisciplinar que busca auxiliar pacientes internados a ter um período agradável de vida, pelo tempo que for possível, de acordo com a individualidade que pertence a cada ser ali mostrado. Diversas cenas do documentário refletem os princípios dos Cuidados Paliativos e, são esses momentos, que serão analisados no presente artigo em meio a discussões sobre o cuidar, o apoiar e o decidir.

---

[1] Advogada inscrita na OAB/RS. Bacharel em Direito. Especialista em Bioética pela Universidade de Caxias do Sul/RS. Pesquisadora na área do direito à saúde.

1. OS PRINCÍPIOS DOS CUIDADOS PALIATIVOS ESTÃO PRESENTES NO ATENDIMENTO AOS PACIENTES?

Quando se é falado de Cuidados Paliativos, podem surgir inúmeras suposições do que isso realmente significa e como ele funciona na prática para todos os atingidos: o paciente, a família e todos os profissionais que os rodeiam. Dessa forma, busca-se com o presente artigo facilitar a visualização de situações em que Cuidados Paliativos estão presentes, seja na rotina hospitalar ou em qualquer ambiente em que o sujeito principal se encontre: o paciente. Com isso, será possível verificar que os Cuidados Paliativos podem se tornar parte de uma assistência interdisciplinar, onde cada profissional é complementado pelo outro, cada qual a sua forma, em busca de melhor integração com o paciente durante seu trato, não em busca do curar, mas do cuidar.

2. " ELE DECIDIU PARAR A DIÁLISE"

Sem mencionar qual a patologia ou o tempo de tratamento, o telespectador é apresentado ao paciente Bruce Chu, 66 anos, que, decidiu juntamente com seus médicos, em parar com a diálise[2], sendo essa decisão, considerado pela enfermeira que o acompanha como um "momento crítico". A profissional da saúde relata, que, após essa decisão, foi apresentado ao paciente, sobre a existência e a possibilidade de sua ida para os chamados "Hospices[3]", sendo que, esse fato,

---

[2] Tratamento que remove os resíduos e excesso de fluidos de sangue. Da Vita Tratamento renal. "O que é Diálise? Preciso fazer? Quando eu Começo?" Disponível em:https://www.davita.com.br/tratamento-renal/recursos-do-paciente/vivendo-com-doenca-renal/o-que-e-dialise/ Acesso em 24 de jul de 2022.

[3] Possui origem nas hospedarias medievais que abrigavam peregrinos doentes, órfãos e pobres com necessidade de cuidados, realizados de forma empírica e caridosa. Nos séculos XVIII e XIX, instituições religiosas assumiram o papel do cuidado aos enfermos pobres e portadores de

trouxe um novo ânimo ao paciente, que se mostra nitidamente abalado, seja fisicamente ou mentalmente. É possível ver, que, na conversa entre o médico e a enfermeira que o apresentou ao Hospice, não há nenhum questionamento do porquê aquele paciente optou por parar o procedimento e, sim, existe acolhida e receptividade a aquele novo "paciente" que chegou até aquele ambiente.

Os chamados Hospices, levam esse nome, devido à Cicely Saunders, que criou em 1967, a instituição pioneira com foco no cuidado da dor física, social, mental, dentre outras, do paciente. É em um lugar com esse foco que Bruce é direcionado após a recusa do tratamento.

Através do princípio da autonomia da vontade e nos princípios da dignidade e liberdade, o paciente pode aceitar ou não o tratamento que é proposto por seu médico, diz Rodrigues[4] (2021), é um direito seu. Para que isso ocorra e que esses princípios entrem em cena, é necessário que o médico explique o que está acontecendo com a saúde daquele indivíduo, indicando tratamentos, terapias e o que achar melhor para a situação e, isso, sempre deve acontecer, para evitar quaisquer dúvidas daquele paciente, até porque, ações assim são essenciais[5] para que o cuidador se sinta capaz de estar nessa função.

Para um paciente que encontrava-se realizando diálise, muito possivelmente por causa de uma doença crônica[6] e que acarreta inúmeras alterações na vida do doente e que acarreta

---

doenças incuráveis, como o câncer, por exemplo. CORTES, C. C. Historia y desarrollo de los cuidados paliativos. In: MARCOS, G. S. (ed.). Cuidados paliativos e intervención psicosocial en enfermos de cáncer. Las Palmas: ICEPS, 1988.

4 Cuidados Paliativos: aspectos jurídicos/coordenado por Luciana Dadalto... [et al]. Indaiatuba: Editora Foco, 2021. 320p.

5 Chaves, José H. B. et Al. Cuidados Paliativos: conhecimento de pacientes oncológicos e seus cuidadores. Rev.Bioética. (Impr.) 2021;29 (3): 504-18

6 Anes, Eugénia J., and Pedro Lopes Ferreira. "Qualidade de vida em diálise." *Revista Portuguesa de Saúde Pública* (2009): 67-82.

inúmeras alterações na vida do doente e inclui vários desafios no seu dia a dia, nota-se, que somente prolongar a vida daquele sujeito com o uso de tecnologias a disposição da medicina, não é o suficiente, sendo necessário tratar a qualidade de vida do acometido pela doença.

O trato da qualidade de vida é tão importante, que no caso em tela, o paciente se negou a continuar fazendo o tratamento que lhe era costumeiro e, ao ganhar novas opções de tratamentos que o colocavam no centro dos cuidados e, não a sua doença, ele cria uma nova motivação para continuar vivo

Isso, são os Cuidados Paliativos, onde a Organização Mundial da Saúde, já descreveu das seguintes formas, com base nos anos, 1990[7], 2002[8] e 2017[9]:

> ... são cuidados ativos e totais aos pacientes quando a sua doença não responde aos tratamentos curativos, quando o controle da dor e de outros sintomas (psicológicos, sociais e espirituais) são prioridade e o objetivo é alcançar a melhor qualidade de vida para pacientes e familiares.
> uma abordagem que aprimora a qualidade de vida dos pacientes e das famílias, que enfrentam problemas associados com doenças ameaçadoras de vida, através da prevenção e alivio do sofrimento, por meios de identificação precoce, avaliação correta e tratamento da dor e outros problemas de ordem física, psicossocial e espiritual.
> uma abordagem de melhora a qualidade de vida dos pacientes (adultos e crianças) e de seus familiares, que enfrentam problemas associados a doenças que ameaçam a vida. Previne e alivia

---

7 WHO Expert Committee on Cancer Pain Relief and Active Supportive Care & World Health Organization. (1990). Cancer pain relief and palliative care : report of a WHO expert committee [meeting held in Geneva from 3 to 10 July 1989]. World Health Organization. Disponível em: https://apps.who.int/iris/handle/10665/39524. Acesso em 20jul de 2022.

8 Organização Mundial da Saúde. (2002). Programas nacionais de controle do câncer: políticas e diretrizes gerenciais, 2ª ed. Organização Mundial da Saúde. Disponível em: https://apps.who.int/iris/handle/10665/42494. Acesso em 20jul de 2022.

9 WHO. *Palliative Care*. Disponível em: https://www.who.int/en/news-room/fact-sheets/detail/palliative-care. Acesso em: 20jul de 2022.

sofrimento por meio da investigação precoce, avaliação correta e tratamento da dor e de outros problemas "físicos, psicossociais ou espirituais"

Ou seja, o paciente Bruce ao ser direcionado para o Hospice, terá a sua disposição inúmeros cuidados com o foco no paciente e não na sua doença, pois estará passando por Cuidados Paliativos. Não se sabe ao certo o que o levou a não desejar mais passar por diálise e nem se voltou a fazer ou não, mas uma coisa é garantida: além de ter sido respeitada a autonomia daquele paciente que quis interromper o seu tratamento, o profissional da saúde auxiliou na tomada de decisão sobre o futuro do tratamento, ofertando um cuidado humanizado e com menos sofrimento.

Pode-se ver que os princípios dos Cuidados Paliativos de integração dos aspectos psicológicos e espirituais no cuidado do paciente e a promoção dos do alívio da dor e de outros sintomas desagradáveis do paciente entraram em cena.

2.1. "PERGUNTE A ELA. ELA PODE RESPONDER."

Diferente do Hospice, onde os pacientes podem ser vistos sendo monitorados não somente por enfermeiros, mas por cachorros e gatos, no ambiente hospitalar, em mais um quarto de hospital, a equipe médica e os familiares da paciente Mitra, paciente de câncer terminal[10], encontram-se em fase de decisão de quais devem ser os próximos passos de eventual tratamento dela.

Apesar dos debates ocorrerem, e, mesmo sendo calorosos, é possível ver, que não há a exclusão da paciente, pelo contrário, ela é chamada para opinar sobre o assunto e expressar seu ponto de vista. Isso acontece tanto por parte dos familiares, quanto pelo médico que questiona a genitora

---

10 Fase final de numerosas enfermidades crônicas progressivas, quando se esgotaram todos os tratamentos disponíveis e se alcança o nível vital de irreversibilidade. CARVALHO, Gisele Mendes de. Aspectos jurídicos-penais da eutanásia. São Paulo:IBCCrim, 2001.

da paciente: " Se ela estivesse em sã consciência, vendo-se na cama, como está agora, que decisão ela tomaria sobre o tratamento? "

No caso de Mitra, que se encontra acompanhada de dois familiares no quarto hospitalar, cada um mantém uma opinião diferente do que deveria ser feito no futuro do tratamento dela. O seu marido, insiste em tratamentos, a fim de prolongar sua vida. A sua mãe, mostra-se cansada de ver sua filha sofrendo em uma cama hospitalar e, não perde a oportunidade de mostrar aos médicos, a sua filha em uma versão que eles não puderam conhecer: sem a doença e com um sorriso no rosto, através de fotos de um passado não tão distante.

Pode-se ver que o marido, ao insistir em um novo tratamento, está praticando a chamada distanásia, nas palavras de Cabette[11] (2013):

> A etimologia revela que a palavra deriva do grego dis (afastamento) e thánatos (morte), consistindo, portanto, no emprego de recursos médicos com o objetivo de prolongar ao máximo a vida humana. Pode-se assim, conceituar a distanásia como o ato de protair o processo de falecimento iminente em que se encontra o paciente terminal, vez que, implica um tratamento inútil.

Já a mãe da paciente, age desejando a chamada ortotanásia, que significa a morte natural, ou seja, no seu tempo, sem abreviar (eutanásia) e, também, sem prolongamentos artificiais do processo de morrer.

Apesar das opiniões distintas entre os familiares, os profissionais da saúde em diversas oportunidades conversam com os familiares sobre qual seria a melhor opção para a paciente, excluindo a opinião pessoal de cada um e pensando apenas nos desejos da paciente Mitra. No caso dela, são usados os princípios dos Cuidados Paliativos de afirmação da vida e consideração da morte como um processo normal da

---

11 Cabette, Eduardo Luiz Santos. *Eutanásia e ortotanásia: comentários à Resolução 1.805/06 CFM. Aspectos éticos e jurídicos./*Eduardo Luiz Santos Cabette./ 1ª ed. (ano 2009), 2ª reimpr./Curitiba:Juruá, 2013.123

vida, não aceleração nem adiamento da morte, oferecimento de sistema de suporte que auxilie os familiares durante a doença do paciente e do luto, oferecimento de abordagem multisciplinar para focar nas necessidades dos pacientes e seus familiares.

O caso em questão, conforme diz Arantes[12] no Manual de Cuidados Paliativos (2009), é um desafio diário para a área dos Cuidados Paliativos, ou seja, o cuidado com pacientes graves e com doenças irreversíveis.

Além dos desafios dos Cuidados Paliativos no caso da paciente, pode-se observar que, esse caso, que ao meu ver, é o de maior visibilidade do documentário, também abordou as diversas facetas que o luto pode causar em todos os envolvidos, em especial o chamado luto preparatório[13].

2.2. "QUERIA FICAR EM CASA"

A paciente Kym Anderson, dentre todos os pacientes apresentados no documentário, é a que aparenta estar mais consciente do seu estado de saúde. Ela, que exerceu a função de enfermeira por 40 (quarenta) anos, relata em conversa com os médicos que "conhece" a rotina hospitalar dos pacientes. Acompanhada do seu marido, se mostra decidida a passar seus últimos momentos da vida em casa, e, assim é feito, pois no final do documentário, somos informados de sua morte em casa após três semanas de sua saída do hospital.

Apesar de não se ter maiores detalhes sobre qual a patologia enfrentada por ela, o caso não ganha destaque no documentário, muito provavelmente, por não apresentar maiores conflitos.

---

[12] Manual de Cuidados Paliativos/Academia Nacional de Cuidados Paliativos. – Rio de Janeiro: Diagraphic, 2009. 320p

[13] Abordagem do luto em cuidados paliativos. *Cadernos De Saúde*, 11(1), 5-18. https://doi.org/10.34632/cadernosdesaude.2019.7247

O espaço físico em que o paciente paliativo se encontra deve trazer conforto, acolhimento e proteção, ensina Pereira[14] (2009). Enquanto em ambientes hospitalares, criar normas que possibilitem a entrada de pertences pessoais e adaptações no quarto podem ser consideradas possíveis barreiras para isso.

Como para o paciente paliativo existe a necessidade de viver intensamente o tempo que lhe resta, deve ser respeito os seus desejos em prol do seu melhor conforto, se assim for possível de acordo com seu estado final de saúde, além disso, o respeito a autonomia[15] do paciente, que inclui os Cuidados Paliativos, tem significância clínica, legal e psicológica.

No caso da paciente Kym, seguiu-se com o princípio dos Cuidados Paliativos de oferecimento de um suporte que possibilite ao paciente viver tão ativamente quanto possível até o momento de sua morte. É possível ver que isso foi possível, graças ao estado mental em que a paciente se encontrava, visto que, ao menos no documentário, mostrava-se consciente, e sem delirium[16].

2.3. "NÃO VAMOS FAZER NADA QUE ABREVIE MEU TEMPO"

A paciente Pat Harris que está fazendo tratamento de um tumor fibroide, encontra-se em um hospice e, em conversa com uma voluntária do local e, após, com duas profissionais

---

[14] Manual de Cuidados Paliativos/Academia Nacional de Cuidados Paliativos. – Rio de Janeiro: Diagraphic, 2009. 320p.

[15] Abreu, Carolina Becker Bueno de e Fortes, Paulo Antonio de CarvalhoQuestões éticas referentes às preferências do paciente em cuidados paliativos. Revista Bioética [online]. 2014, v. 22, n. 2 [Acessado 25 Julho 2022] , pp. 299-308. Disponível em: <https://doi.org/10.1590/1983-80422014222011>. Epub 19 Ago 2014. ISSN 1983-8034. https://doi.org/10.1590/1983-80422014222011.

[16] É uma das complicações neuropsiquiátricas mais comuns em Cuidados Paliativos. Caraceni, A., Simonetti, F. – Palliating delirium in patients with cancer. Lancet Oncol. Vol. 10, (2009), p. 164-172.

da saúde, discutem quais os rumos do seu tratamento após uma primeira sessão do tratamento que impactou na qualidade dos seus dias. Isso é estudado entre a paciente e as experts, pois, quando se resta dias, semanas ou meses para um paciente, isso pode ser decisivo sobre dar seguimento para aquele método de tratamento ou não.

Após a conversa com as profissionais, a paciente, colocou na balança os benefícios e malefícios daquele tratamento para ela e sua patologia e optou por dar seguimento a quimioterapia. O que foi indicado para a paciente Pat é o mais comum entre os profissionais da saúde. Conforme ensina Nappa[17] et al., (2011) onde estudos comparativos entre quimioterapia paliativa e a qualidade de vida do paciente são escassos, porém, iniciar a quimioterapia na fase paliativa da doença, se tornou muito mais comum, após avaliação de riscos e benefícios, exatamente o que aconteceu com Pat.

Na opinião de Souza[18] et al. (2012), com um tratamento paliativo adequado é possível inúmeros benefícios, como, por exemplo, reduzir os danos causados pela doença, aliviar sintomas e garantir uma melhor qualidade de vida.

No caso da paciente Pat, pode-se ver que foi levado em conta os princípios dos Cuidados Paliativos de promover o alívio da dor e outros sintomas desagradáveis, afirmação da vida e considerar a morte como um processo normal da vida, integração dos aspectos psicológicos e espirituais no cuidado ao paciente.

---

17 Näppä, U., Lindqvist, O., Rasmussen, B. H., & Axelsson, B. (2011). Palliative chemotherapy during the last month of life.Annals of oncology,22(11), 2375-238.

18 Souza, R. S., Simão, D. A. D. S., & Lima, E. D. R. D. P. (2012). Perfil sociodemográficoe clínico de pacientes atendidos em um serviço ambulatorial de quimioterapia paliativa em Belo Horizonte.Revista Mineira de Enfermagem,16(1), 38-47.Stene, G. B., Helbostad, J. L., Amundsen, T., Sørhaug, S., Hjelde, H., Kaasa, S., & Grønberg, B. H. (2015). Changes in skeletal muscle mass during palliative chemotherapy in patients with advanced lung cancer.Acta oncologica,54(3), 340-348.

Assim como o paciente Bruce, ela optou por estar em um Hospice, levando a crer que essa decisão foi tomada devido a ser sozinha e, estando em um ambiente de tratamento como esse, a ajudaria de diversas formas, seja psicologicamente ou espiritualmente. Em nenhum momento do documentário é citado sobre familiares de ambos os pacientes.

2.4. "EU AMO VIVER"

A paciente Thekla é a única do documentário em que não se é discutida sobre sua patologia. Cabe apenas a imaginação do telespectador para tentar descobrir qual a doença que lhe aflige. Isso porque, ao procurar o profissional da saúde, ambos apenas dialogam sobre um assunto que as pessoas evitam colocar em roda de conversa: a morte.

Em poucos minutos, é possível ter uma aula sobre relação com a morte e como podemos nos aproximar dela, pois, ela faz parte da nossa vida. A paciente, que se mostra apreensiva, descreve o assunto como algo "desconhecido" e "falta de controle".

A atitude de Thekla nada mais é do que um sentimento de angústia existencial e uma postura defensiva de afastamento, como uma forma de se autopreservar[19].

Nessa conversa, pode-se ver que foi utilizado o princípio dos Cuidados Paliativos de afirmação da vida e de aceitar a morte como um processo normal da vida, assim como o princípio de não aceleração nem adiamento da morte.

---

[19] Lima, de. Roberta et. Al. A morte e o processo de morrer: ainda é preciso conversar sobre isso. Reme. Revista Mineira de Enfermagem. UFMG. 2017. Disponível em: DOI: http://www.dx.doi.org/10.5935/1415-2762.20170050. Acesso em 20jul.2022.

O medo da morte e a dúvida do que acontece após dela, não é algo que acontece apenas na conversa demonstrada acima, é algo enraizado na sociedade, diz Pires[20] (1984):

> A vida se extingue em si mesmo e aos seus olhos por toda parte, em todos os reinos da Natureza, e ninguém jamais conseguiu barrar o fluxo arrasador do tempo, que leva de roldão as coisas e os seres, envelhecendo-os e desgastando-os, por maiores, mais fortes e brilhantes que possam parecer. A passagem inexorável dos anos marca minuto a minuto, com uma segurança fatal e uma pontualidade exasperante, o fim inevitável de todas as coisas e todos os seres.

Apesar de todas as dúvidas que rodeiam o ser humano, principalmente em um assunto considerado como "nebuloso" pela sociedade, o papel mais importante do médico em relação ao seu paciente é o de não o abandonar, diz Arantes[21] (2019), até porque, 74% das pessoas não considera falar sobre o assunto de forma cotidiana, ou seja, quanto mais tabu existir, mais dúvidas vão ocorrer.

3. CONCLUSÕES

Com a presente análise, pode-se verificar quais os princípios dos Cuidados Paliativos foram usados nos pacientes analisados e que se encontravam na situação que os permite utilizar. Apesar dos princípios se repetirem em alguns casos, o uso foi feito de maneira singular e estratégica pelos profissionais da saúde de acordo com a real necessidade de cada paciente e, também dos seus familiares.

Para o presente estudo, foi utilizado os princípios encontrados no Manual de Cuidados Paliativos confeccionado pela Academia Nacional de Cuidados Paliativos (ANCP), (2019), tendo como base para a análise dos casos os seguintes: 1)

---

[20] Pires, J. Herculano. Educação para a morte. Edições Correio Fraterno, 1ª Ed. 1984.

[21] Arantes, Ana Cláudia Quintana. A morte é um dia que vale a pena viver. Rio de Janeiro. Sextante, 2019

Promover o alívio da dor e de outros sintomas desagradáveis; 2) Afirmar a vida e considerar a morte um processo normal da vida; 3) Não acelerar nem adiar a morte; 4) Integrar os aspectos psicológicos e espirituais no cuidado ao paciente; 5) Oferecer um sistema de suporte que.

possibilite ao paciente viver tão ativamente quanto possível até o momento da sua morte; 6) Oferecer sistema de suporte para auxiliar os familiares durante a doença do paciente e o luto; 7) Oferecer abordagem multiprofissional para focar as necessidades dos pacientes e seus familiares, incluindo acompanhamento no luto; 8) Melhorar a qualidade de vida e inluenciar positivamente o curso da doença; 9) Iniciar o mais precocemente possível o Cuidado Paliativo, juntamente com outras medidas de prolongamento da vida, como quimioterapia e radioterapia, e incluir todas as investigações necessárias para melhor compreender e controlar situações clínicas estressantes.

A equipe multidisciplinar de Cuidados Paliativos, coloca em destaque o paciente e mais do que lidar com uma doença, lida com o ser humano e com o seu sentimento de dor, diante de uma patologia incurável, ou seja, mais do que questionar o paciente: "o que essa doença está te causando?" e sim "como estão suas dores?" "como você está se sentindo hoje?"

Em muitos países, mais do que analisar se os princípios dos cuidados paliativos chegaram aos atendimentos, é de se perguntar se os Cuidados Paliativos já chegaram, pois há muitos países em que isso é apenas uma ideia distante, e infelizmente, não consolidada, como no Brasil, por exemplo, que esse tipo de assistência foi reconhecido somente no ano de 2018, por resolução[22] do Ministério da Saúde.

---

[22] BRASIL. Ministério da Saúde. Resolução n° 4, de 31 de outubro de 2018. Dispoe sobre as diretrizes para a organização dos cuidados paliativos, à luz dos cuidados continuados integrados, no âmbito do Sistema Único de Saúde (SUS. Diário Oficial da União. Disponível em: https://bvsms.saude.gov.br/bvs/saudelegis/cit/2018/res0041_23_11_2018.

Assim, uma boa forma de conhecer mais e inserir os Cuidados Paliativos na vida de todos que dele necessitem é através do conhecimento e aplicação dos princípios que regem os Cuidados Paliativos, que é uma questão de saúde pública.

Mesmo em países que o assunto já está mais desenvolvido, o assunto de terminalidade ainda pode ser considerado "novo[23]" no sentido de que é um processo de constante aprendizado para todos os envolvidos e, isso inclui também os profissionais da saúde, esses, que escolhem a profissão médica[24] para consertar, para poder lutar contra a morte e, que precisam de uma dose extra de inteligência emocional para conviver com as dores de outro ser humano, dores essas, de extremas variações e intensidades.

Há casos em que pode ocorrer do paciente receber um "manto de proteção" encobrindo-o[25] da sua real situação de saúde, realidade que não acontece nos Cuidados Paliativos, onde preza-se pela comunicação e pela inclusão do paciente na tomada de decisões, até porque, o impacto na vida dos pacientes que recebem esses cuidados é muito grande e, mais do que isso, incluir os Cuidados Paliativos, é perceber que sempre há uma outra opção de cuidado e trato com aquele paciente, mesmo quando a medicina diz que não há mais o que fazer. Nos Cuidados Paliativos abrem-se opções que an-

---

html#:~:text=Disp%C3%B5e%20sobre%20as%20diretrizes%20para,%C3%9Anico%20de%20Sa%C3%BAde%20(SUS).

[23] Chaves, José H. B. et Al. Cuidados Paliativos: conhecimento de pacientes oncológicos e seus cuidadores. Rev.Bioética. (Impr.) 2021;29 (3): 504-18

[24] AMARAL, Mariana Xavier Gonçalves do et al . Reações emocionais do médico residente frente ao paciente em cuidados paliativos. Rev. SBPH, Rio de Janeiro, v. 11, n. 1, p. 61-86, jun. 2008. Disponível em <http://pepsic.bvsalud.org/scielo.php?script=sci_arttext&pid=S1516 08582008000100006&lng=pt&nrm=iso>. acessos em 24 jul. 2022.

[25] Leão, N. O paciente terminal e a equipe interdisciplinar . In: Romano BW. A prática da psicologia nos Hospitais. São Paulo, Pioneira, 1994.p. 137-147.

tes não eram possíveis de serem vistas e traz esperança para quem já não acreditava no poder da vida ou no poder do tempo, sejam eles contados em dias, semanas ou meses.

Hoje, há inúmeras formas de prolongar a vida e aqui posso nomear a reanimação, por exemplo.

Há também formas de tentar "renascer" no futuro, como a criogenia[26]. Mas ainda, não há a opção de não morrer. E o pior (ou melhor) de tudo isso, é que não conseguimos controlar nem como, nem em quais circunstancias vão acontecer. Quando e caso for dada a oportunidade de poder optar por uma boa morte, que seja com Cuidados Paliativos, ou seja, um cuidado, humano e respeitoso, como todo ser humano merece usufruir.

REFERÊNCIAS

Abreu, Carolina Becker Bueno de e Fortes, Paulo Antonio de Carvalho. *Questões éticas referentes às preferências do paciente em cuidados paliativos.* Revista Bioética [online]. 2014, v. 22, n. 2 [Acessado 25 Julho 2022] , pp. 299-308. Disponível em: <https://doi.org/10.1590/1983-80422014222011>. Epub 19 Ago 2014. ISSN 1983-8034.

AMARAL, Mariana Xavier Gonçalves do et al . *Reações emocionais do médico residente frente ao paciente em cuidados paliativos.* Rev. SBPH, Rio de Janeiro , v. 11, n. 1, p. 61-86, jun. 2008 . Disponível em <http://pepsic.bvsalud.org/scielo.php?script=sci_arttext&pid=S1516-08582008000100006&lng=pt&nrm=iso>. acessos em 25 jul. 2022.

Anes, Eugénia J., and Pedro Lopes Ferreira. *"Qualidade de vida em diálise."* Revista Portuguesa de Saúde Pública (2009): 67-82.

Arantes, Ana Cláudia Quintana. *A morte é um dia que vale a pena viver.* Rio de Janeiro. Sextante, 2019.

---

[26] Área do conhecimento científico e tecnológico que cujas atividades são desenvolvidas em torno de temperaturas muito baixas. Saúde, Abril. Existem 350 corpos congelados para serem ressuscitados no futuro. Disponível em: https://saude.abril.com.br/coluna/tunel-do-tempo/existem-350-corpos-congelados-para-serem-ressuscitados-no-futuro/. Acesso em 24jul.2022.

BRASIL. Ministério da Saúde. Resolução n° 4, de 31 de outubro de 2018. *Dispõe sobre as diretrizes para a organização dos cuidados paliativos, à luz dos cuidados continuados integrados, no âmbito do Sistema Único de Saúde* (SUS). Diário Oficial da União. Disponível em: https://bvsms.saude.gov.br/bvs/saudelegis/cit/2018/res0041_23_11_2018.html#:~:text=Disp%C3%B5e%20sobre%20as%20diretrizes%20para,%C3%9Anico%20de%20Sa%C3%BAde%20(SUS).

Cabette, Eduardo Luiz Santos. *Eutanásia e ortotanásia: comentários à Resolução 1.805/06 CFM. Aspectos éticos e jurídicos.*/Eduardo Luiz Santos Cabette./ 1ª ed. (ano 2009), 2ª reimpr./Curitiba:Juruá, 2013.123p.

Carvalho, Gisele Mendes de. *Aspectos jurídico-penais da eutanásia*. São Paulo: IBCCrim, 2001.

Chaves, José H. B. et Al. Cuidados Paliativos: *conhecimento de pacientes oncológicos e seus cuidadores*. Rev. Bioética. (Impr.) 2021;29 (3): 504-18.

CORTES, C. C. *Historia y desarrollo de los cuidados paliativos*. In: MARCOS, G. S. (ed.). Cuidados paliativos e intervención psicosocial en enfermos de cáncer. Las Palmas: ICEPS, 1988.

Da Vita Tratamento renal. "*O que é Diálise? Preciso fazer? Quando eu Começo?*" Disponível em:https://www.davita.com.br/tratamento-renal/recursos-do-paciente/vivendo-com-doenca-renal/o-que-e-dialise/ Acesso em 24 de jul de 2022.

Leão, N. *O paciente terminal e a equipe interdisciplinar* . In: Roma- no BW. A prática da psicologia nos Hospitais. São Paulo, Pioneira, 1994.p. 137-147.

Manual de Cuidados Paliativos/Academia Nacional de Cuidados Paliativos. – Rio de Janeiro: Diagraphic, 2009. 320p.

Näppä, U., Lindqvist, O., Rasmussen, B. H., & Axelsson, B. (2011). *Palliative chemotherapy during the last month of life.Annals of oncology*,22(11), 2375-238.

Organização Mundial da Saúde. (2002). *Programas nacionais de controle do câncer: políticas e diretrizes gerenciais*, 2ª ed. Organização Mundial da Saúde. https://apps.who.int/iris/handle/10665/42494. Acesso em 20jul de 2022.

Pimenta, S., & Capelas, M. L. V. (2019). *A abordagem do luto em cuidados paliativos. Cadernos De Saúde*, 11(1), 5-18. https://doi.org/10.34632/cadernosdesaude.2019.7247.

SAÚDE, ABRIL. Existem 350 corpos congelados para serem ressuscitados no futuro. Disponível em: https://saude.abril.com.br/coluna/tunel-do-tempo/existem-350-corpos-congelados-para-serem-ressuscitados-no-futuro/ . Acesso em 24jul.2022.

Souza, R. S., Simão, D. A. D. S., & Lima, E. D. R. D. P. (2012). *Perfil sociodemográficoe clínico de pacientes atendidos em um serviço ambulatorial de quimioterapia paliativa em Belo Horizonte.* Revista Mineira de Enfermagem,16(1), 38-47.Stene, G. B., Helbostad, J. L., Amundsen, T., Sørhaug, S., Hjelde, H., Kaasa, S., & Grønberg, B. H. (2015). Changes in skeletal muscle mass during palliative chemotherapy in patients with advanced lung cancer.Acta oncologica,54(3), 340-348.

Caraceni, A., Simonetti, F. – *Palliating delirium in patients with cancer.* Lancet Oncol. Vol. 10, (2009), p. 164-172.

WHO Expert Committee on Cancer Pain Relief and Active Supportive Care & World Health Organization. (1990). *Cancer pain relief and palliative care:* report of a WHO expert committee [meeting held in Geneva from 3 to 10 July 1989]. World Health Organization. https://apps.who.int/iris/handle/10665/39524. Acesso em 20jul de 2022.

WHO. Palliative Care. Disponível em: https://www.who.int/en/news-room/fact-sheets/detail/palliative-care. Acesso em: 20jul de 2022.

- editoraletramento
- editoraletramento.com.br
- editoraletramento
- company/grupoeditorialletramento
- grupoletramento
- contato@editoraletramento.com.br
- editoraletramento

- editoracasadodireito.com.br
- casadodireitoed
- casadodireito
- casadodireito@editoraletramento.com.br